팬티 바르게 개는법

TADASHII PANTSU NO TATAMIKATA: ATARASHII KATEIKA BENKYOHO
by Tadaharu Minamino

ⓒ 2011 by Tadaharu Minamino
First published 2011 by Iwanami Shoten, Publishers, Tokyo.
This Korean language edition published 2014 by Gong Myoung Publishing, Seoul
by arrangement with the proprietor c/o Iwanami Shoten, Publishers, Tokyo,

팬티 바르게 개는 법

어른을 꿈꾸는 15세의 자립 수업

미스미수 다다하루 지음   안유선 옮김

자신을 사랑하고,
진짜 어른이 되고 싶은 청소년에게

어느 가정 수업* 시간의 수업 주제는 '가족의 돌봄 기능'에 관한 것이었습니다. 그리고 가족 돌봄이 필요한 노인기에 대한 내용을 다루고 있었습니다. '노인'이라는 말을 들었을 때 떠오르는 이미지나 단어가 무엇인지를 물었습니다. 학생들의 답은 대부분 부정적인 이미지들이었습니다. '검버섯, 냄새, 구부정한 몸, 퇴직, 흰머리, 노인정, 치매, 지팡이, 폐지줍기……'

그런데 담임을 맡아 개인적인 사정을 알고 있었던 한 남학

---

* 현재 우리나라 교육과정에서는 가정 교과가 독립적으로 편성되어 있지 않고, 기술·가정 교과 속에 기술 내용과 함께 가정 내용이 병합되어 있으며 가정 내용을 가정과 교사가 기술 내용을 기술과 교사가 배우거나 배·······경우 교육 과정에 편성되어 있습니다. 여기서는 가정 내용을 편의상 가정 교··········· 그 수업을 가정 수업이라고 표기합니다.

생이 나지막하게 대답했습니다. '배려'. 그 남학생은 부모님 이혼 후 수년 동안 할머니의 돌봄을 받으며 생활해 온 학생이었습니다. 할머니와 함께 잠을 자고, 밥을 먹고, 대화를 나누는 실제 삶을 통해 그 학생에게 있어 '노인'은 추상적인 이미지로 느껴지는 단어가 아니라 '배려'해야 하는 자신의 할머니와 같은 사람들이었습니다.

학생들 간 이런 인식의 차이는 할머니와 생활해 본 진짜 경험이 만들어낸 차이일 것입니다. 가정 교과는 개인과 가족의 생활, 진짜 삶의 경험을 다룹니다. 학생들이 진짜 삶의 문제를 인식하고 해결해 나가는 힘을 길러주고자 합니다. 가족생활자로서 청소년 여러분은 어떤 경험이 있습니까? 생활 속 경험에서 만들어낸 여러분만의 '팬티 개는 법'이 있나요?

일본의 고등학교 기술가정과 남자 교사인 미나미노 다다하루 선생님의 《팬티 바르게 개는 법》은 청소년들에게 이러한 '진짜 삶을 사는 힘'을 기르는 것에 대해 이야기하고 있습니다. 인간의 기본적 욕구 해소와 생존을 가능하게 하는 생활의 자립으로부터 시작해 '경제적 자립, 정신적 자립, 성적 자립' 등 4대 자립이 그 힘이라고 말해 줍니다. 미나미노 다다하루 선생님이 기술가정 과목을 통해 길러 주고자 하는 4대 자립의 힘은 영어과 교사로 재직할 때 만났던, 매사 의욕이 없고 짜증과 불편함을 호소하며 학교생활에 적응하지 못하는 학생들과의 대화를 통해 인식한 결과입니다. 학교생활을 귀찮아 하고 대충하면 된다는 학생들의 마음가짐으로부터 그러한 행동들이 나오는 것이 아니라, 그들이 살고 있는 생활의 방식이 문제라는 것을 깨닫게 된 것입니다. 미나미노 다다하루 선생님은 학생들을 돕기 위해 주영어과 교사에서 기술가정과 교사로 전공을 바꾸는 노력도 마다하지 않았습니다. 《팬티 바르게 개는 법》은 기술가정 과목을 통해 학생들이 생활을 바꿀 수 있도록 어떻게 도움을 주었는지를 생생하게 보여줍니다. 4대 자립의 힘, 즉 '생활력'을 키우자는 목표 아래 실행된 수업의 장면들은 '일한다는 것'의 의미로부터 시작되어 아르바이트 이야기, 즉 단순히 돈을 버는 행위가 아니라 그러한 행위인 '노동'이 갖는 사회적 의미와 영향까지 두루 다루고 있습니다. 개인과 가족생활뿐만 아니라 사회적 측면에서 청소년들이 자신과 가족의 문제를 똑바로 바라볼 수 있게 합니다.

"2000-2010년 경제개발협력기구(OECD) 가입국들의 청소년 자살률은 감소추세인 반면 우리나라 청소년 자살률은 인구 10만 명당 2000년 6.4명에서 9.4명으로 4.7% 급증했다(대미 경향신문 2013. 01. 29일자)"고 합니다. 자신과 삶에 대한 흥미로운 탐색으로 가득 차야 할 찬란한 시기에 극단적으로 삶을 놓아버리는 슬픈 선택을 하는 청소년들이 늘어나고 있습니다.

다른 사람들과 소통하며, 삶에서 맞이하게 될 여러 가지 문제를 해결하는 힘을 얻으려 하는 공부가 아니라 좋은 성적 자체가 목적이 된 공부는 큰 상처가 되고 있습니다. 현재 우리나라는 국가수준의 교육과정이 운영되고 있고, 평균 5년 단위의 개정 주기가 2007년도부터 수시 개정체제로 바뀌어 2009, 2011 교육과정이 공표되어 시행되고 있습니다. 이러한 수시 개정의 결과는 학교단위 교육과정에서 국어, 영어, 수학 과목의 수업시수 증가로 나타나고 있습니다. 성적 서열화를 요구하는 대학입시제도 하에서 학교가 이런 결과를 선택할 수밖에 없는 것도 현실입니다.

그러나 한편, 꽃다운 청소년들의 죽음을 직면하는 교사와 학교, 교육계에 진지한 성찰과 반성 또한 있습니다. 혁신학교, 배움의 공동체, 협동학습, 기술가정과의 실제 가족생활 문제를 다루는 실천적 문제중심 교육과정 등이 교육현장에서 확산되고 있습니다. 이러한 교육운동들은 학생 개개인과 그들의 삶에 관심을 두며 진짜 '배움'에 대해 고민하고 실천하려고 합니다.

사토 마나부 교수의 '배움의 공동체' 철학과 방법이 일본에서 시작된 것을 볼 때 미나미노 다다하루 선생님의《팬티 바르게 개는 법》도 그 철학에 있어 같은 곳을 바라보고 있다고 생각됩니다.

어느 교실에나 하나씩은 꼭 있는 교시별 과목을 적어놓은 '시간표'라는 단어 자리에 한 가정과 선생님은 '세상을 보는 창'이라는 말을 넣습니다. 국어, 영어, 수학, 과학, 사회, 기술가정, 체육, 음악, 미술……. 이 모든 과목들은 각기 다른 원리와 방식으로 세상을 바라보고 이해하고 문제를 해결하도록 도와줍니다. 미나미노 다다하루 선생님의《팬티 바르게 개는 법》은 기술가정이라는 과목을 통해 자신의 삶과 세상을 들여다 볼 커다란 창을 만들어주고 있습니다. 이 크고 멋진 창으로 청소년 여러분을 초대합니다.

'청소년의 푸른 삶을 응원하는' 전국가정교사모임

어른이 되어가는 여러분에게 꼭 일깨워주고 싶은 생활력과 자립의 위대한 힘

저는 고등학교 영어 교사로 10년간 재직한 후 기술가정과 교사가 되었습니다. 주변 사람들은 저에게 "도대체 왜?"라고 자주 질문합니다. 당시도 그랬지만 지금도 남자 기술가정 선생은 거의 없기 때문에, 더군다나 영어 교사가 대체 무슨 심경의 변화로 굳이 기술가정 선생이 되려는지 이해할 수 없다는 주변 반응도 어쩌면 당연한 것인지 모르겠습니다.

제가 처음부터 기술가정과 교사 자격증을 취득하려고 한 것은 아닙니다. 단지 일상의 필요에 의해 기술가정 과목을 공부해야겠다는 결심을 하게 된 것이지요. 제가 중·고등학교를 다니던 시절에는 지금처럼 '기술가정'이 남녀 공통 과목이 아니었습니다. 중학교에서는 '기술·가정'이었는데, 남자는 기술(토목, 판금, 전기 등)을 배우고, 여자는 가정(조리, 의복 등)을 공부했습니다. 그리고 고등학교에서는 여학생들이 가정 수업을 할 때 남학생들은 체육 수업을 받았습니다. 학교뿐만 아니라 집에서도 가사에 대해 거의 배운 적이 없고 스스로 해야 한다는 인식도 없었지만, 다행히 대학 시절 자취 생활 덕분에 빨래와 간단한 요리, 청소 정도는 스스로 하는 습관이 몸에 배어 있었습니다. 만약 그런 경험이 없었다면 가사에 대한 지식이나 정보가 전무한 상태에서 결혼을 하고 육아도 하는 생활로 돌입했을 것입니다. 그때 남자들은 대부분 그랬으니까요.

그렇다고는 해도 가사와 육아에 관한 정확한 지식과 경험이 많지 않아 웬만큼 집안일을 하게 되기까지는 상당한 시간이 걸렸습니다. 직접 해보고 나서야 비로소 효율적으로 집안일을 하려면 최소한의 지식과 기술이 필요하다는 사실을 깨달았습니다. 그런데 일단 몸에 배자 점점 가사에 재미가 들려 점점 생활 전반이 즐거워졌습니다. 육아도 아이를 기르며 배운 것도 많지만 여러 가지 지식을 미리 알고 있었다면 훨씬 도움이 되었을 경우도 많았습니다.

그런 제기 기술가정 교사사 뎌고사 괴게 마뷰틱세 흰 잇은 이러한 개인적인 체험에 더해 학교에서 접했던 학생들 모습이 마음에 걸렸기 때문입니다. 학교에는 공부보다 특별활동이나 취미 등 자신이 하고 싶은 것에 열심인 학생들이 있는 반면, 수업 중에도 제 집인양 자고 있는 학생, 무엇을 해도 매사 의욕이 없는 학생, 모든 일에 언제나 언짢은 표정으로 대하는 학생, 안색이 나빠 늘 양호실을 들락거리는 학생들이 있었습니다. 아이들 대부분이 될 대로 되라는 식으로 자신을 소중하게 여기지 않는 듯이 보였습니다.

처음에 저는 이런 아이들 모두가 마음의 문제라고 생각했습니다. 그야말로 전형적인 사고방식인데, 그들에게 고등학생다운 활기와 활력이 없는 것은 개개인의 의욕과 근성이 없기 때문이라고 생각했습니다. 그러나 한 사람 한 사람에게 말을 걸고 이야기를 듣는 동안 저의 사고방식과 수용방식이 잘못됐다는 것을 깨달았습니다. 사실은 대부분의 학생들이 다른 학생들처럼 '열심히 하고 싶다' '제대로 하고 싶다'는 생각을 하고 있다는 사실을 알았습니다. 그러나 아무리 해도 그게 잘 안 된다는 것입니다. 그때 제가 습득하기 시작한 기술가정 과목의 지식이 '이것은 마음의 문제가 아니라 생활의 문제'라는 힌트를 주었습니다.

기술가정 과목을 배우는 동안 깨달은 바가 있습니다. 우리 생활은 의식주와 가족문제를 비롯한 인간관계, 수입과 지출이라는 경제문제 등이 서로 연결되어 영향을 주며 이루어져 있다는 것입니다. 그중 어느 것 하나라도 균형을 잃으면 생활이 흔들리게 됩니다. 그렇게 되면 생활뿐 아니라 마음의 안정을 유지하기도 힘들어집니다. 반대로 말하면 생활이 어느 정도 안정될 때 몸과 마음이 편안해지고 사고방식도 긍정적으로 변해 '해보자, 계속 해보는 거야' 하는 의욕이 샘솟는 것입니다.

그런데 이야기를 들어보니 학생들의 생활태도, 특히 식생활에 관해서는 상당히 심각했습니다. 늦잠 자고 싶어서 아침밥을 먹지 않고, 가끔 먹을 때도 과자나 주스로 때우거나 학원 앞에서 정크푸드로 가볍게 배를 채우고, 귀가 후에 저녁을 먹기 때문에 '하루 네 끼'를 먹는 경우도 있습니다. 또한 다이어트를 위해서 '점심 거르기' '채소 샐러드만 먹기' '밥 먹지 않기'나 '밤샘 공부'나 '밤샘 놀이' '아르바이트' 등으로 제대로 된 식사를 하는 일이 거의 없었습니다. 그들 나름대로는 이유가 있어 밤샘을 하거나 식사를 거르는 것입니다. 또한 가정에 따라서는 부모가 밤늦게까지 일하거나 새벽에 일을 나가 아이 스스로 알아서 식사해야 하는 경우도 있었습니다. 그러니 어쩔 수 없다라고 하는데 과연 이것이 맞는 얘기일까요?

"우리 부모님은 아무것도 안 해줘"라고 남 탓만 하다가 결과적으로 자신이 가장 힘을 발휘하고 싶을 때 힘을 못 낸다면, 게다가 하루하루의 생활이 즐겁지 않다면 이 얼마나 안타까운 일이며 또 얼마나 즐겁지 못한 인생이 될까요?

저는 기술가정 과목을 공부하면서 이거라면 학생들의 고민과 생활에 밀착해 함께 생각하고 고민할 수 있겠다는 생각을 하게 되었습니다. 동시에 이 과목에서는 요리를 비롯해 기술적인 것도 많이 배웁니다. 혼자 살게 되었을 때 그럭저럭 꾸려나갈 수 있을 정도의 기술이지만 기초만 습득하면 얼마든지 응용도 가능합니다(저처럼 기초가 없는 상태에서 시작하는 것보다 훨씬 간단합니다).

이쯤에서 자신의 생활을 하나하나 재점검해 보는 건 어떨까요? 일상을 기분 좋게 지내려면 어떻게 하면 좋은지 한번 멈춰서서 생각해 보는 것입니다. 어렵게 생각할 필요가 없습니다. 기술가정과 수업을 성실하게 즐기면 됩니다. 그리고 마음에 든 부분이 있으면 생활 속에 도입해 보고 그 다음에는 자신이 실천하기 쉽게 연구하면 됩니다.

자기 스스로 충분히 할 수 있는 일인데도 가속 중 누구기가 해주는 것은 없습니까? 자기가 해야 할 일인데 남에게 의지하고 있는 것은 없습니까? 식사 준비, 세탁, 청소, 장보기 등 생활의 한 장면 한 장면을 떠올려보세요. 이 모든 것을 마땅히 '엄마의 일'로만 여기고 있지는 않습니까? 저는 자기 생활을 스스로 정돈하는 힘, 그것을 '생활력'이라고 부릅니다. 이 생활력이 있으면 매일 기분 좋게 생활할 수 있습니다. 웬만큼 사소한 일에는 쉽게 굴복하거나 꺾이는 일이 없습니다. 왜냐하면 자기생활을 꾸려온 자신감이 '어떻게든 살아갈 수 있다'는 자신감을 낳기 때문입니다. 제가 바로 산증인입니다.

　기술가정 교사로서 학생들에게 가장 먼저 전하고 싶은 메시지는 생활력을 몸에 익히라는 것입니다. 왜냐하면 인생은 스스로 개척해 나가는 것이기 때문입니다. 스스로 개척해 가는 인생의 대전제가 되는 것이 '생활력'입니다. 자신의 발로 굳건하게 서는 힘을 기술가정과를 통해서 보다 구체적으로 전달하고 싶습니다. 독자 여러분은 이 책을 통해 일상을 되돌아보면서 삶의 방식에 도움이 되는 기술과 지식을 보다 많이 체득해 인생을 마음껏 즐겼으면 하는 바람입니다. 이 책이 여러분의 한 버 뿐인 청소년기에 큰 도움이 되리라 굳게 믿습니다.

| 차 례 |

팬티 개는 법이
알려주는
중요한 인생 공부

팬티 개는 방법에는
여러 가지가 있다

각자의 일상을 점검하기 위한 구체적인 수업에 들어가기 전에 간단한 연습문제를 풀어보겠습니다. 이 문제에는 기술가정 수업을 받아야 하는 이유가 들어 있습니다.

여기서 당신의 역할은 '인생 상담'의 답변자입니다.

이 책의 제목이기도 한 '팬티 바르게 개는 법'은 교사들의 연구 모임에 참가했던 한 남성(A씨)의 '고민 상담'에서 나왔습니다. A씨는 이렇게 고민을 털어놓았습니다.

"저는 팬티 개는 방법 때문에 애를 먹고 있습니다. 저희 집은 저와 아내 두 식구인데 맞벌이를 합니다. 그래서 저도 집안일을 적극적으로 나서서 합니다. 남 남자니까 하는 생각은 새

본 적이 없고 둘이 같이 하면 빠르기도 해서요. 집안일을 싫어한 적은 없습니다. 마지못해 도와준다는 생각도 없고요. 그런데 아무리 해도 팬티 개는 문제만큼은 고민이에요. 아내의 팬티를 예쁘게 개는 게 힘듭니다. 아내는 팬티를 갤 때 양쪽 끝을 가운데 쪽으로 접어서 3등분합니다. 그 다음에는 아래쪽을 접어 올려 허리의 고무줄 쪽으로 끼워 넣는데, 저는 그게 도저히 잘 안 됩니다. 그래서 제가 팬티만 개면 아내는 또 틀렸다고 핀잔을 줍니다. 저는 그게 싫어서 요즘은 쌓여 있는 빨래더미만 봐도 기분이 착잡해집니다. 저는 앞으로 어떻게 해야 좋을까요?"

척 봐도 A씨가 착한 사람이라는 인상을 받았을 것입니다. 그럼 A씨의 고민에 어떤 조언이 효과가 있을까요? 그 전에 A씨 부인이 고집하는 '팬티 개는 법'은 이해하셨나요? 분명히 위의

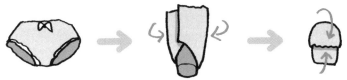

양쪽 끝을 접어 3등분한다   아래쪽을 접어 올려
고무줄 쪽으로
끼워 넣는다

A씨의 방법

그림처럼 생각했을 것입니다.

아마 '나도 같은 방법으로 개는데'라고 생각한 사람도 있을 것입니다. 이런 방법에 익숙한 사람은 A씨의 고민을 이해하기 어려울 것입니다. '뭐야, 이런 것도 못하나?' 하고 생각할 수 있기 때문입니다.

반대로 '왜 꼭 그렇게 해야 해?' 하고 팬티 개는 방식에 집착하는 A씨 아내의 마음이 이해 안 되는 사람도 있을 것입니다. 그야말로 '팬티 개는 법쯤 아무려면 어때!' 하는 의견도 있을 것입니다. 하지만 지금 당신은 '인생 상담'의 답변자입니다. 단순하게 여겨서는 안 됩니다. A씨 부부가 타협할 방법을 찾아내야 하니까요.

효율적인 해결책을 제시하기 위해 답변자인 당신이 먼저 팬티를 직접 개보면 어떨까요? 팬티 개는 방법에 집착하는 A씨

아내의 마음, 잘 갤 수 없는 A씨의 심정이 이해될지도 모르니까요. 어떻습니까? 쉽게 되나요? 잘 되지 않아 초조했나요?

A씨의 고민을 들었을 때 저는 솔직히 '왜 팬티 개는 방법처럼 사소한 일(외부에서 보면 아무래도 상관없는 일)로 저렇게 고민할까?'라고 생각했습니다. 예를 들어, A씨가 여관이나 호텔의 객실 청소, 시트나 베개 커버, 목욕가운이나 잠옷 등을 정리하는 일에 종사하는 사람이라면 '또 틀렸어?'라는 비난을 들어도 마땅하겠지요. 그러나 A씨의 경우는 집안 내부의 일입니다. 게다가 팬티 개는 법에 집착하는 것은 A씨 자신이 아니라 아내입니다. 두 사람이 충분히 대화를 나누면 바로 해결할 수 있는 문제입니다. 저는 대화로 문제 해결이 안 되는 A씨와 아내의 관계가 오히려 마음이 쓰였습니다.

만일 "또 틀렸어?"라고 매번 핀잔을 듣는 게 저였다면 "그렇게 마음에 안 들면 자기 팬티 정도는 스스로 개!"라고 역정을 내며 팬티를 집어던졌을 것입니다. A씨도 그런 기분이 들지 않았을까요? 어쩌면 원래 여자는 가사 전문가이고 남자들은 초보자니까 팬티 개는 방법만큼은 아내가 무조건 옳다고 생각했을지도 모를 일입니다.

이런저런 생각을 하다가 결국 A씨는 팬티 개는 빕이 아니라 아내와의 관계를 고민하는 건지도 모르겠다는 생각에 이르렀습니다. A씨 자신은 그런 점을 전혀 자각하지 못하고 그저 팬티를 잘 개지 못하는 것에 문제가 있다고 착각할 수도 있습니다.

그러자 불현듯 교실에서 대화를 나누던 학생들의 대화가 떠올랐습니다.

"데이트할 때 입을 옷은 전부 내가 결정할래. 너한테 맡겼더니 촌스러워서 도저히 같이 못 걷겠어."

또, 한번은 지하철에서 한 여학생이 격앙된 목소리로 이런 얘기를 하는 것을 우연히 듣게 되었습니다. 그 여학생은 데이트할 때 두 사람의 옷과 소지품을 모두 혼자서 코디네이트하겠다는 겁니다. 남학생에게는 거부권조차 없어 보였습니다. 여학생 옆에 있던 남학생에게 여학생이 "그래도 괜찮아?"라고 묻자 "뭐 그냥……"이라는 맥빠진 대답이었습니다. 대답을 듣고 여학생은 곧바로 "그래도 내가 해주는 게 더 멋있지 않아?"라고 하자, 남학생은 "응" 하며 수긍하는 듯 보였지만 그다지 기쁜 표정은 아니었습니다.

여학생은 상대가 자기 방식대로 따라주는 것(무리해서라도 따르게 하는 것)이 '사랑 받고 있는 증거'라고 착각하고 있는 듯했습니다. 또한 어쩌면 말없이 순순히 따르는 그 남학생은 내심 짜구를 사귄다는 게 다 이런 거지 뭐'라고 생각하는 듯 했습니다. 사실은 더 자유롭게 옷을 입고 싶은데도 말이죠.

팬티 개는 법에 집착하는 부인과 이를 고민하는 A씨도 이와 마찬가지 관계라고 말할 수 있지 않을까요?

이 책을 읽고 있는 여러분은 어떻습니까? 가령, 연애 중에 데이트 장소나 식사 장소를 정하는 일로 두 사람 의견이 다를 때는 어떻게 합니까? 상대방에게 맞춰줍니까, 아니면 상대방을 나에게 맞추게 합니까? 아니면 서로 만족할 때까지 의논합니까? 그것도 아니면 가위바위보 등으로 순서를 정하든지 해서 공평하게 결정합니까?

서로 간의 차이를
이해한다는 것

　기술가정 수업을 하다 보면 좋든 싫든 학생들 간의 차이가
드러납니다. 여기에는 사고방식과 개성의 차이에서부터 자라
온 환경, 개인의 자립도까지 실로 방대한 범위가 포함됩니다.

　요리 실습을 예로 들어보겠습니다. 어린 시절부터 집안일 돕
는 것을 당연하게 여기며 자란 K군. 식칼도 능숙하게 다루고
요리를 진행해 나가는 솜씨도 매우 훌륭합니다. 게다가 실습시
간에 요리에 익숙지 않은 반 친구들을 도우며, 모두가 즐겁게
요리해서 먹을 수 있도록 분주합니다. K군 반이 시식용 테이블
에 요리를 진열했을 때는 조리에 사용한 냄비나 그릇은 전부
깨끗이 설거지들 끝내놓은 상태입니다.

한편 집안일은 모두 엄마가 하는 것이 당연하다고 여기는 Y 양은 식칼을 잡아보는 것이 처음이라 당근을 써는 것조차 힘에 부칩니다. 반의 다른 아이들도 모두 비슷해 K군 반은 요리를 거의 다 먹었는데 Y양 반은 아직도 요리가 완성되지 않은 상태입니다. 겨우 만들어서 먹기 시작하지만 개수대에는 더러운 조리기구가 산더미처럼 쌓여 있습니다. 시식용 테이블에서 먹고 있어도 왠지 분위기가 어수선합니다. 종료를 알리는 종이 울려도 설거지가 끝나지 않았고, 방과 후 남으라는 지시에 다들 불만스러운 표정입니다.

단적인 사례지만 흔히 볼 수 있는 광경입니다. 단 한 번의 실습으로도 그 사람이 태어나 자란 환경, 사고방식, 가치관 등을 알 수 있습니다. 복장 실습이었다면 K군과 Y양 입장이 완전히 뒤바뀌는 경우도 종종 있습니다. 내게는 당연한 것이지만 다른 사람에게는 꼭 그렇지도 않은 일들이 무척 많습니다. 그러므로 요리 실습만이 아니라 여러 사람이 함께 일을 진행할 때는 미리 실행 방법과 진행 방법 등을 논의하는 것이 중요합니다. 애당초 자기 방법이 상대방과 다르다는 전제하에 임하는 게 좋습니다.

이때 각자에게 필요한 것이 '유연성'입니다. 그것은 학교나

직장뿐 아니라 열애 끝에 결혼한 부부 사이에서도 마찬가지입니다.

　지금까지 남남으로 살아왔기에 가치관이 다른 것은 당연하고, 집안일을 처리하는 방식 또한 다를 수밖에 없습니다. 게다가 잘하는 것이 있으면 못하는 것이 있고, 가능한 일이 있으면 불가능한 일도 있습니다. 그로 인해 일상생활 중에 여러 가지 충돌이 일어나는 것도 무리가 아닙니다.

　그런데 충돌을 피하려고만 들고 충돌 자체를 부정적인 것으로 여겨 어느 한쪽이 무리하게 상대에게 맞추는 관계가 지속되다 보면 스트레스가 생깁니다. 팬티 개는 법을 고민하는 A씨가 전형적인 예입니다. 오히려 싫은 것은 싫고, 못하는 것은 못한다며 솔직하게 대화로 타협점을 찾는 것이 길게 봤을 때 서로에게 이익이 됩니다.

　자기 방식을 고집하는 자세가 나쁘다는 얘기가 아닙니다. 그러나 상대의 방법을 존중하는 태도도 중요합니다. 상대가 자신의 생각대로 따라주지 않는다고 비난할 게 아니라 서로 대화해가며 '아, 팬티를 그렇게 개는 방법도 있구나'라고 한발 물러나 수용한다면 반드시 두 사람 모두 만족할 수 있을 것입니다. 또한 두 사람의 관계도 보다 싶어질 십니나.

생활력을 갖춘 사람은 정신적으로도 강하다

"여러분은 기술가정을 좋아하나요?" 제기 수업할 때 사주 하는 질문입니다. 이 질문에 대한 반응은 제각각인데 "기술가 정은 중요하다고 생각해요?"라고 질문을 바꾸면 거의 대부분 의 학생들이 "그렇다"고 대답합니다. 이러한 생각은 학습 주제 가 모두 일상생활과 밀접하게 관련이 있고, 실생활에 곧바로 활용할 수 있는 내용이 많다는 인식에서 비롯되는 것입니다.

현재 중·고등학교의 기술가정 과목에서는 의식주, 가족, 보 육, 소비경제, 복지 등의 다양한 분야를 다룹니다. '기술가정'에 서 일괄적으로 다루기 때문에 각각의 분야가 서로 밀접한 관련 이 있다고 생각하기 쉽지만 학문적인 관점에서 보면 진혀 별개의 내용들입니다. 하지만 실생활 면에서 보면 분야별로 나누지 않는 것이 오히려 자연스러워 '생활을 총체적으로 다룬다는' 점이 기술가정의 큰 특징입니다. 또한 이렇게 포괄적인 상태가 학생들 개개인의 생활을 다양한 각도에서 비춰주는 역할도 합니다.

앞에서도 언급했듯이 기술가정 교사들의 바람은 기술가정 학습을 통해 학생들이 '생활력'을 습득하는 것입니다. 하지만 요즘의 고등학교 1학년들은 부모가 챙겨주는 것을 당연하게 여기는 게 현실입니다.

식품 수업 때 영양에 대해 공부한 후 "오늘 정말 좋은 것을 배웠어요. 집에 가서 바로 엄마한테 이 내용을 전해 드릴게요" 라는 얘기를 들으면 정말 맥이 빠집니다. 하기야, 부모들도 '자식 뒷바라지하는 게 부모의 사랑'이라고 착각하는 경우가 많으니 무조건 학생 탓만 할 수도 없습니다.

수업 시간에는 가능한 한 학생들 생각을 발표하게 합니다. 발표하는 과정에서 생각을 정리할 수도 있고 객관적으로 자신을 관찰할 수 있기 때문입니다. 또한 듣는 사람은 자신과 다른 사고방식을 접함으로써 자신을 뒤돌아볼 수 있습니다.

기술가정은 국어나 수학 같은 수험 과목과 달리 반드시 보

트렁크

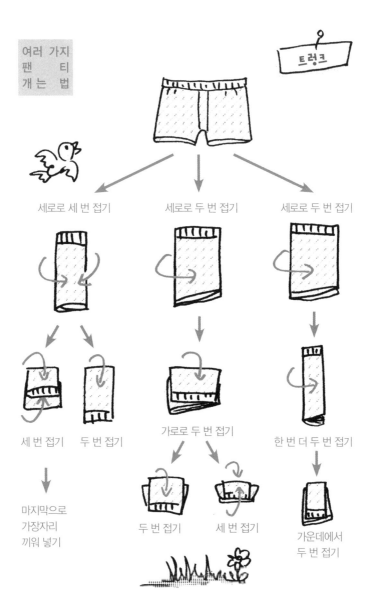

세로로 세 번 접기

세로로 두 번 접기

세로로 두 번 접기

세 번 접기　　두 번 접기

가로로 두 번 접기

한 번 더 두 번 접기

마지막으로
가장자리
끼워 넣기

두 번 접기　　세 번 접기

가운데에서
두 번 접기

34

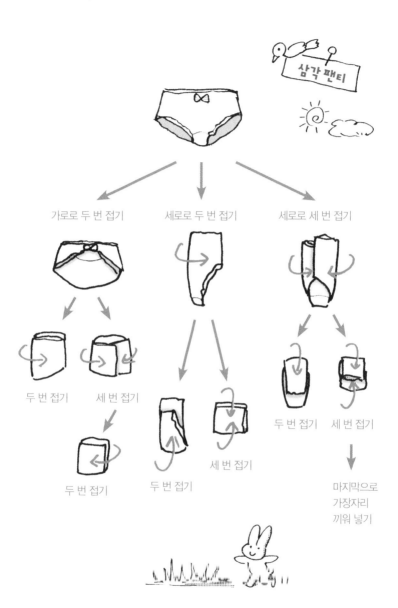

삼각 팬티

가로로 두 번 접기　　　　세로로 두 번 접기　　　　세로로 세 번 접기

두 번 접기　　세 번 접기

두 번 접기

두 번 접기

세 번 접기

두 번 접기　　세 번 접기

마지막으로
가장자리
끼워 넣기

범답안이 있는 게 아니어서 모두의 의견을 듣는 사이 '아, 그렇게 생각할 수도 있구나' '그런 방법도 있었네' 하고 깨닫게 됩니다. 그리고 자신도 모르는 사이에 사회에는 실로 다양한 사람들이 존재하고 그 수만큼 다른 삶의 방식과 가치관이 존재한다는 사실을 이해할 수 있게 됩니다. 그것은 타인의 사고와 가치관으로부터 사물을 재고할 수 있는 능력을 습득한다는 뜻입니다. 이것을 '다각적으로 사물을 보는 힘'이라고 합니다.

살아가는 동안 선택의 기로에서 헤맬 때, 여러 시각으로 자신이 처한 상황을 되돌아볼 수 있다면 아마도 후회할 만한 선택은 하지 않을 것입니다. 그것은 바로 상대방 입장에서 생각하는 것이므로 인간관계 또한 좋아지게 되겠지요. 이렇게 기술가정을 배우는 의미는 기술적인 면에만 있는 게 아닙니다.

A씨의 고민은 얼핏 하찮은 듯 보이지만 사람 사이의 관계를 살핀다는 취지에서 보면 매우 깊이 있는 사안들이 내포되어 있습니다. 기술가정 수업에서는 '팬티 문제'를 다루지 않지만 이것을 성인 대상의 연수 때 거론해 보면 격렬한 토론으로 이어질 때가 많습니다. 각각의 '차이(다름)'를 지닌 사람들이 모여 가정과 사회를 이루고 있으므로 누구에게나 일어날 수 있는 절실한 문제이기 때문입니다. 연수 후에는 '자기 방식의 팬티 개

는 법'을 남에게 강요하고 있는 게 아닌지 신경쓰게 되었다는 감상을 적어내는 사람들이 많습니다.

그렇다면 여러분은 팬티 개는 법으로 고민하는 A씨에게 훌륭한 조언을 할 수 있을까요? 다음 장에서는 좀 더 구체적인 수업으로 들어가 보겠습니다.

그런데 팬티 개는 법도 여러 가지가 있나 봅니다(앞 그림 참조). 잘 보면 각자 자기만의 방식이나 중요하게 생각하는 점이 있는 것 같습니다.

1장

자립 수업 1

현재를 살아가는 힘

도시락을 스스로 싸보면

수요일 저녁, 퇴근길의 지하철 안에서 일어난 일입니다. 우연히 같이 타게 된 여고생들의 대화가 귀에 들려왔습니다.

"엄마랑 대판 싸웠더니 요즘 도시락을 안 싸줘."

"어머나! 그럼 점심은? 설마 굶는 건 아니겠지?"

"할 수 없이 편의점에서 사먹어."

"돈은 주시는 거지?"

"용돈 받은 걸로 쓰고 있어. 하루에 150엔 이하로 정해서 빵한 개나 삼각 김밥 한 개로 버텨. 그래도 오늘은 기술가정 시간에 요리 실습을 하니까 그나마 다행이지."

"엄마 생신이며 뭐라도 제수 구건 저러며 대가 누시릭을 싸보는 게 어때?"

"싫어! 일찍 일어나는 거 귀찮아."

"그럼 빨리 엄마한테 잘못했다고 빌어. 매일 빵이나 삼각 김밥 한 개로 버틸 수는 없잖아."

여학생들이 너무도 진지한 얼굴로 이야기하는 바람에, 저도 모르게 웃음이 나오려는 것을 애써 참으며 고등학교 1학년 담임을 맡았을 때를 떠올렸습니다.

그해에는 입학식 후 담임이 학교생활에 대해 설명하는 시간이 있었습니다. 저는 학부모와 학생들 앞에서 이렇게 말했습니다.

"점심은 가능한 한 도시락을 싸오도록 하세요. 따로 부모님이 싸주실 필요는 없습니다. 이제 다들 고등학생이 되었으니 자기 도시락 정도는 직접 준비할 수 있겠지요? 한두 번 정도 싸는 것은 그리 어렵지 않겠지만 매일 도시락을 싸려고 하면 힘들 겁니다. 그러나 3년 동안 계속하다 보면 자신감이 많이 붙을 거예요. 자, 여러분, 꼭 도전해 보세요."

고등학생이 되었으니 '자립'에 대한 마음을 학생들과 학부모들에게 인지시키기 위해 제안한 것입니다. 왜 꼭 도시락을 싸야 하는지는 '자립' 즉, 자기 힘으로 생활을 꾸려나가는 것이 어떤 의미인지를 부모와 자식이 함께 배울 수 있는 가장 손쉬운 방법이기 때문입니다.

도시락을 싸려면 먼저 시간이 필요합니다. 재료도 갖추어야 합니다. 계절에 따라서는 부패하지 않도록 신경써야 하고, 양과 영양 면에서의 균형도 따져야 합니다. 지금까지는 부모가 전부 알아서 준비해 주었겠지만 이제 슬슬 자신의 머리로 생각하고, 자신의 힘으로 생활을 꾸려나가는 훈련을 할 필요가 있습니다.

저는 '한 사람이라도 도시락을 싸오는 학생이 있으면 좋겠다'는 마음과 '아마 아무도 싸오지 않을 거야'라는 마음이 반반이었습니다. 학생들을 신뢰하지 않아서라기보다는 도시락을 비롯해 아이의 생활을 뒷바라지하는 것이 의무라고 생각하는 부모들과, 그런 부모의 보살핌을 당연하게 여기는 학생들이 너무 많다는 사실을 뼈저리게 느꼈기 때문입니다. 또한 도시락 쌀 시간에 차라리 공부를 더 했으면 하는 부모가 많은 것도 사실입니다.

그 후 제 자신이 그런 제안을 한 것조차 까맣게 잊고 3년 후 졸업식을 맞이했습니다. 교무실을 나오다가 1학년 때 담임을 맡았던 비야생이 어구했습니다. "호버를 축하합니다" 이서 그 학생은 이렇게 말했습니다. "감사합니다. 그런데 선생님, 입학식 때 해주셨던 말씀 기억하세요? 기억 못 하시죠? 선생님이 가능하면 스스로 도시락을 싸오라고 하셨잖아요. 그래서 저는 3년 동안 매일 도시락을 싸왔어요. 몇 번 빵을 사온 적도 있지만, 그래도 매일 매일 제가 도시락을 준비했어요. 처음 며칠은 정말 너무 힘들어서 그만두자고 몇 번이나 다짐했는지 몰라요. 그런데 그럴 때마다 며칠만이라도 싸보자는 마음이 들었고, 그러는 동안 도시락 싸는 것이 쉬워져서 가족들 도시락까지 자주 싸주게 되었어요. 도시락 싸는 것이 익숙하지 않았을 때는 선생님 원망도 했지만 지금은 중단하지 않아서 다행이라고 생각해요. 지금은 선생님 말씀대로 제 자신에 대한 자신감이 생겼어요. 선생님, 감사합니다."

눈물을 글썽이며 이야기를 하던 그 학생은 아주 환한 미소를 남기고 돌아갔습니다. 저의 말 한 마디로 3년 동안 노력했다고 하니 왠지 숙연해지는 기분이 들었습니다.

여러분은 이 에피소드에 어떤 느낌을 가졌나요? 현실적으로는 절대 불가능하다고 생각하는 사람이 많을 것입니다.

'도시락 싸기'는 방법만 연구하면 그렇게 힘든 작업이 아닙니다. 핵심은 어떻게 짧은 시간에 손쉽게, 즐겁게 할 수 있을지를 발견하는 것입니다.

'도시락' 하면 어떤 것을 상상하나요? 밥과 색색의 반찬이 예쁘게 담겨 있는 잡지나 요리책에 나올 법한 도시락을 상상하나요? 그런 도시락을 스스로, 게다가 매일 만들어야 한다면 생각만 해도 도망치고 싶을 것 같군요. 너무 힘들어서 기술가정 교사인 저조차 아마 일주일도 못 쌀 겁니다.

먼저 계속할 수 있는 방법을 궁리합니다. 매일 해야 하는 작업인 만큼 '손이 많이 가는 것은 포기한다' '내가 할 수 있는 것만 한다'고 정해놓지 않으면 계속할 수가 없습니다. 그러려면 '도시락'의 이미지를 지나치게 과장하지 말 것, 또한 텔레비전이나 잡지에 나오는 특별한 도시락과는 다르게 생각하는 게 중요합니다.

외국에서는 종이 봉지에 사과와 크래커를 넣은 간단한 것을 도시락이라고 하는 경우도 있습니다. 아동문학의 명작《알프스 소녀 하이디》에 나오는 소녀가 산에 갈 때, 처음으로 싸간 도시락은 빵과 치즈였습니다. 그런 도시락도 멋있어서 괜찮다고 생각한다면 첫 번째 관문은 무사히 통과한 것입니다.

만약 주먹밥을 좋아한다면 전날 저녁에 연어를 가득 넣고 주먹밥을 만든 후 비닐 랩으로 싸서 냉장고에 넣어 두면 다기다. 연어를 굽는 것이 귀찮다면 매실장아찌도 좋습니다. 그리고 아침에 전자레인지에 데우기만 하면 끝입니다. 다음 단계는 저녁 반찬을 미리 덜어 놓는 겁니다. 아침에 전자레인지에 데워서 가져가는 것도 한 방법입니다. 전자레인지용 그릇에 넣어 두면 아침에 그대로 데우기만 하면 됩니다. 그러면 아침에 도시락 싸는 수고를 덜 수 있습니다. 어떻습니까? 이렇게 도시락 싸는 일이 간단하다면 계속할 수 있겠지요?

지금은 편리한 시대여서 슈퍼마켓에 가면 재료도 풍부하고 도시락용 냉동식품도 매우 다양합니다. 해동시킬 필요가 없는 냉동식품까지 있습니다. 방과 후 둘러보는 것은 어떨까요? 슈퍼마켓을 잘 활용하면 도시락의 질도 확실히 높아지겠지요.

이렇게 모양새가 결정되면 이상하게도 점차 맛에 신경이 쓰이기 시작합니다. 같은 냉동식품이라도 '맛있다' '맛없다'가 생겨납니다. '맛있는 것을 먹고 싶다'라는 생각을 하게 되면 이번에는 영양의 균형도 고려하게 됩니다. '하다못해 방울토마토 하나라도 넣어야지' '고기 감자조림이 냉장고에 있으니 싸가자' 이렇게 말입니다.

저녁 반찬이나 냉장고 안의 내용물 등을 떠올리기 시작했다면 가족의 아침식사나 저녁식사에까지 관심이 커집니다. 자기

밥솥에 남아 있는 밥의 양도 신경쓰입니다. 밥이 없으면 다음 날 아침에 도시락을 쌀 수가 없겠죠. 자연스럽게 전기밥솥 사용법도 익히고 싶어집니다. 하나하나 누군가가 해주기를 기다리기보다 스스로 하는 편이 빠르기 때문입니다.

도시락 만들기에 익숙해졌을 무렵, 가족 전체를 생각하면서 시장을 보거나 집안일을 하고 있는 자신을 드디어 발견하게 될 것입니다. 자기 도시락만 준비하는 것이 오히려 번거롭기 때문입니다. 늘 보살핌을 받기만 했던 자신이 가족을 보살피는 한 사람으로 훌륭하게 변신한 것을 실감하게 될 것입니다.

저도 매일 도시락을 쌉니다. 그러나 내용물은 별로 변화가 없는 한 가지 패턴의 도시락입니다. 조림 반찬이 먹기 쉬워서 시간 날 때 톳이나 말린 무채를 졸여 도시락용으로 조금씩 따로 냉동해 둡니다. 밥도 도시락용으로 나눠서 냉동합니다. 다음은 달걀, 소시지, 생선 중 한 가지를 굽거나, 데우기만 하면 되는 시판용 고기완자나 두부 햄버거, 전날 남은 반찬을 데워서 도시락을 쌉니다. 아침에 걸리는 시간은 10~15분 정도입니다. 이 정도의 수고라면 이제 힘들지 않습니다. 그래서 계속할 수가 있습니다.

볼본 시간이 없을 때는 편의점에서 도시락이나 빵을 사기도 합니다. 그래도 날마다 그렇게 하면 돈도 들고 금세 질리게 됩니다. 도시락에는 떨어져 있어도 가족 모두 낮에 같은 음식을 먹는다는 기쁨이 함께합니다. 그래서 저는 도시락이 다소 번거롭지만 여러 가지로 좋다고 생각합니다.

도시락 싸는 일에는 '낮에 먹을 밥을 휴대하는 것'이라는 단순한 의미 외에 시간 소비에서부터 식재료 준비, 맛과 영양, 더 나아가 경비를 고려해 관리한다는 의미까지 포함되어 있습니다. 처음에는 세세한 것에 신경 쓰지 말고 무조건 도전해 보는 게 어떨까요? 생활력이 점점 몸에 배는 것을 실감할 수 있습니다. '귀찮아'가 '이거 재미있는데?'로 변하는 것을 체감하게 됩니다.

사실 지하철 안에서 만난 여학생한테도 150엔으로 하루를 배고프게 살 거라면 이런저런 방법이 있다고 알려주고 싶었습니다. 주먹밥 정도는 전날 저녁에 간단히 만들 수 있으니까요. 여러분이 만약 그 여학생이라면 어떻게 하겠습니까?

스스로 일어나기

여러분은 어떻게 아침을 시작하나요? 스스로 일어나나요, 아니면 누가 깨워주나요?

자명종의 힘을 빌려서라도 스스로 일어나려고 하는 것은 '자립'에 이르는 과정에서 매우 중요한 일입니다. 그런데 매일 아침 스스로 일어나는 것이 그리 쉬운 일이 아닙니다.

저도 자명종의 도움으로 간신히 일어납니다. 추운 겨울철에는 좀처럼 이불 속에서 빠져나오기가 힘듭니다. 늦잠을 잘 수 있는 휴일 아침을 간절히 기다리기도 합니다. 교사 생활을 하면 무엇이든 정확히 할 거라는 이미지를 갖기 쉬운데 실상은 그렇지 않습니다.

직장 동료인 선생님들 중에도 "어릴 때부터 아침에 일어나는 게 힘들었는데 지금도 고생이에요"라는 사람들이 꽤 많습니다. 그중에는 "알람이 울리기 시작하면 멈출 때까지 굴러다니며 움직이는 자명종 있잖아요. 그걸 살까 하고 진지하게 고민했어요"라는 선생님도 있습니다.

스스로 일어나기는 그 정도로 매우 힘든 일입니다. 그런 탓일까요? 상당히 오래 전 일로, 교장선생님이 전교생이 모인 자리에서 아침에 일어나는 요령에 대해 말씀하신 적이 있는데 아직까지 기억하고 있습니다. 3학기를 시작하는 행사 때였습니다. 차갑고 싸늘한 공기가 남아 있는 체육관에서 교장선생님이 조용히 이야기를 시작했습니다.

"겨울 아침에는 다들 일어나는 것이 괴롭습니다. 저는 자명종이 울리면 먼저 양손을 이불 속에서 꺼내 만세 부르는 자세를 취합니다. 그러면 잠시 후 추워서 저절로 잠이 깹니다. 다음에는 이불을 허리춤까지 걷어냅니다. 그 상태로는 추워서 오래 누워 있을 수가 없어요. 서둘러 일어나 옷을 입고 싶어집니다. 저는 매일 아침 그런 식으로 일어납니다. 여러분도 자기 나름대로 일어나는 방법을 궁리해 보도록 하세요."

매사 진지하기만 할 것 같은 교장선생님이 겨울 아침에 이

불 속에서 만세 부르는 자세로 추위에 떨며 일어나려고 애쓰는 모습을 상상하자 갑자기 유쾌한 기분이 들었습니다. 그 후 저는 잠자리에서 일어나기 어려운 겨울 아침에는 교장선생님의 흉내를 냅니다.

그럼 스스로 일어나는 행위가 왜 '자립'에 중요한지 좀 더 이야기해 보겠습니다.

여러분 대부분은 평소 학교나 학원, 아르바이트가 중심인 생활을 하고 있을 것입니다. 또한 많은 사람들이 자기 전에 다음 날 스케줄을 체크할 것입니다. 그런 일상 속에서 가능한 한 타인에게 의지하지 않고 자립적인 생활을 한다는 것이 어떤 것인지 잠시 상상해 봅시다.

'내일 영어 쪽지시험이 있는데 어떻게 하지? 오늘은 학교에서 끝나면 바로 학원에 가야 하니까 복습도 못하는데. 내일 아침 일찍 일어나서 공부할까? 그래, 자명종을 맞춰놓고 자야겠다. 그럼 몇 시에 일어날까? 6시? 아냐, 5시 반으로 할까? 그건 좀 힘들겠지? 아니면 학원 가기 전에 조금 봐두면 괜찮지 않을까?'

'내일은 수업 전에 방송반 아침 연습이 있으니까 5시에 일어나야지. 그렇니까 이름 그 분이로 새워야겠네. 저녁 연습 때 피요한 준비물도 가방에 넣어두고. 도시락을 싸기에는 시간이 부족하니 내일은 그냥 사먹어야겠다. 저런, 교복을 다리지 않았네! 그건 엄마한테 부탁할까? 내일 날씨는 어떨까? 우산은 어디에 두었지?'

'오늘은 아르바이트가 있으니까 귀가 시간은 7시. 아르바이트 가기 전에 엄마한테 문자로 저녁은 집에서 먹는다고 해야지. A군이 아침 연습이 없다고 했으니 내일은 같이 등교할 수 있으려나? 몇 시에 지하철을 탈지 한번 물어 봐야지. 그럼 내일 아침은 6시에 일어나면 되겠군.'

신기하게도 스스로 일어나는 습관이 몸에 배면 일과의 흐름 속에서 자신이 어떻게 움직여야 하는지를 자연스레 인식하게 됩니다. 스스로 할 수 있는 범위와 가족과 친구들의 도움을 받아야 하는 부분을 구분해서 생각할 수 있게 됩니다. 즉, 하루를 스스로 조율해 나가는 힘이 생기게 되는 것입니다. 이것은 자립적인 생활인이 되는 데 매우 중요한 힘입니다. 왜냐하면 세상의 모든 일이 시간이라는 바퀴로 움직이고 있기 때문입니다. 시간을 어떻게 조율하느냐에 따라 쾌적한 생활을 할 수 있을지 어떨지가 결정된다고 해도 과언이 아닙니다.

그러기 위해서는 '일어나는 이유(목적이나 즐거움)'가 있는 것이 중요합니다. 그 이유가 있는 사람은 하루를 유용하게 사용하려고 궁리하거나 노력합니다. '학교에 지각하지 않기 위해서'라는 것도 훌륭한 이유입니다. 학교에 가면 보고 싶은 친구가 있고 자신을 기다려주는 사람이 있어서 일어난다는 이유도 아름답습니다.

　반대로 도저히 일어나지 못하고 늦잠을 자는 사람들은 조금 더 생각해 봅시다. 먼저 아침에 일찍 일어나야 하는 이유를 만듭니다. 예를 들어, 아침 텔레비전 프로그램에서 보고 싶은 프로그램을 찾는다든지, 체력을 기르기 위해 달리기를 한다든지, 매일 타는 지하철에서 멋진 사람을 찾는다든지 등등 계속할 수 있을 만한 아침의 즐거움을 찾아보는 것입니다. 위와 같은 이유들을 동기삼아 시작해 보는 것은 어떨까요.

　어렵다거나 불가능하다고 단정짓지 말고 무엇이든 좋으니 '아침의 즐거움'을 찾아봅시다. 그리고 일어나는 행위 자체를 즐기도록 합시다. 일어나는 게 즐거워지면 인생은 이미 절반 이상 성공한 것이나 다름없습니다. 하루의 시작을 스스로 조절할 수 있게 되면 시간의 조율도 능숙해질 겁니다.

너무도 소중한 아침식사

수업 중에도 아랑곳없이 잠을 자는 학생들이 있는데, 개중에는 1교시부터 숙면을 취하는 고수도 있습니다. 여러분 중에도 떠오르는 친구들이 있지요?

제가 초보 교사 시절의 일입니다. 수업을 제대로 들었으면 하는 바람으로 자는 학생은 곧장 깨웠습니다. "어제 밤샘 했니?" "정신 차려!"라고 깨우는데 "어젯밤에 한숨도 못 잤어요" "조금만 더 잘게요"라고 대답이나 하면 그나마 다행이고, 아무 대꾸 없이 그저 묵묵히 자고 있는 학생도 있었습니다. 저는 학생들이 수업 중에 자는 것은 불규칙적인 생활에 원인이 있다고 생각했습니다. 그런데 학생들은 이구로 "어젯밤에는 일찍 잤어요.""수업 중에는 가급적 졸지 않으려고 노력해요"라는 대답이었습니다.

제 머릿속은 '충분히 수면을 취하는데도 아침부터 자는 이유가 무엇일까? 수업을 들을 마음이 있는데 잔다는 건 단순히 공부하기 싫어서는 아닐까?'라는 의문으로 가득했습니다.

제가 혈당치에 관한 이야기를 들은 것은 그때입니다. 벌써 20년 전의 일입니다. 라디오에서 나오는 목소리에 귀가 번쩍 뜨였습니다.

"피곤할 때 단것을 먹으면 힘이 난다고 하죠. 단 음식은 혈당치를 올려줍니다. 혈당치란 혈액 중에 포함된 포도당의 농도를 가리킵니다. 포도당은 세포의 에너지원이 되지요. 그러나 필요 이상 섭취하면 신체가 반응을 하는데, 오히려 잠들기 전처럼 정신이 흐릿해지거나 의욕이 없어지기도 합니다. 아침 식사로 달콤한 주스나 콜라를 벌컥벌컥 마시거나 케이크나 과자를 지나치게 먹으면 1교시가 시작될 즈음에는 머리가 멍해지거나 졸음을 참기 어려워지기도 합니다. 여러분은 어떻습니까? 이처럼 음식이 우리 신체에 미치는 영향은 가늠하기 힘들 정도입니다."

저는 몹시 머리가 맑고 이게 원인이었어 라고 깨나았습니다다. 그때 학생들이 아침을 제대로 먹고 다니는지, 또 아침식사로 무엇을 먹는지는 몰랐지만, 잠도 제대로 자고 공부 의욕도 있는 학생이 졸음을 참지 못하는 이유는 이것밖에 없다고 생각했습니다.

만약 이 이야기가 사실이라면 '자지 마. 정신 차려!'라고 아무리 혼을 내도 소용없는 일입니다. 제가 할 수 있는 말이라고는 '아침부터 단것은 먹지 마라' 정도입니다. 그렇다고는 해도 그 시점에서는 주워 들은 얘기일 뿐 영양학에 대해 전문적으로 공부한 지식이 아니기에 학생들에게 쉽사리 말하기 어려웠습니다.

그래서 먼저 저의 식생활을 고쳐보기로 했습니다. 먹는 것을 그렇게 좋아하면서도 그때까지 음식이 몸과 마음에 미치는 영향에 대해서는 생각해 본 적이 없었습니다. 영양에 관한 지식도 전무했고, 아무튼 배가 고프면 아무 생각 없이 먹고 싶은 것을 먹는다는 식의, 주체성이라고는 전혀 찾아볼 수 없는 식생활이었습니다.

실제로 식생활(음식과 먹는 방법)에 신경을 쓰자 변화가 일어났습니다. 먼저 감기에 걸리지 않았습니다. 그때까지는 연중행사로 수차례 감기에 걸려 체질이 그러니 어쩔 수 없다고 자

자기했는데 식생활을 바꾸고부터는 거의 감기에 걸리지 않게 되었습니다.

또한 바쁜 일상이 지속되다 보니 아무리 잠을 자도 피곤이 풀리지 않았습니다. 그것도 나이 탓이려니 하고 생각했는데 변화의 징조가 보이기 시작했습니다. 그리고 전체적으로 몸이 건강해졌다고 느껴지기 시작했습니다.

실천에 옮긴 것은 '시간을 정해서 규칙적으로 먹을 것' '육류나 가공식품을 줄이고 생선과 삶은 야채 위주로 먹을 것' '과식하지 말 것' '군것질 같은 간식을 줄일 것' '주스 등 단 음식은 먹지 말 것' 등입니다.

대충 음식을 먹었던 사람이라면 위의 사항들만 실천해도 확실히 신체 리듬이 개선됩니다. 저는 무엇이든지 일단 부딪쳐 보는 성격이어서 이 밖에도 다양한 시도를 해보았습니다. 음식의 영양을 계산해 보거나 현미와 채식에 가까운 식단을 시도해 보기도 했습니다. 그중 어느 것이 가장 효과 있다고 판단할 수는 없었지만, 결과적으로 음식과 심신이 밀접한 관계가 있다는 사실을 인식하며 먹는 습관이 몸에 배게 되었습니다.

그러자 식생활에 제한하지 않고 생활 전반에 걸친 영양에 대해 더욱 관심을 갖게 되었습니다.

더 즐겁고 풍요로워지는 것을 느꼈기 때문입니다. 기술가정을 통신 교육으로 배우기 시작한 계기가 된 사건도 있었습니다.

'기술가정'을 배울 기회 없이 어른이 되어서인지 공부를 시작하자 모든 것이 신선하고 재미있었고, 일과 병행하는 공부가 힘들기는 해도 그다지 고생스럽지는 않았습니다. 알고 싶은 마음이 공부에 가장 중요한 요소임을 이때 다시 한 번 깨달았습니다. 또한 기술가정에서 얻은 지식은 생활에 바로 응용할 수 있다는 점도 매력적이었습니다.

흥미로운 정보를 얻으면 누군가에게 이야기하고 싶게 마련입니다. 그 때문에 언제부터인지 제 영어 수업은 잠깐 알려주고 싶은 생활 잡학정보로 시간이 부족할 지경이었습니다.

'기술가정이란 잠깐 알려주는 생활 잡학정보를 전면적으로 수업에 채택하는 거로군. 기술가정 교사가 되는 것도 재미있겠는데!'라는 생각이 들기까지는 그다지 오랜 시간이 걸리지 않았습니다.

아침에 스스로 일어나게 됐다면 아침도 제대로 먹었으면 합니다. "그까짓 아침식사"라고 무시해서는 안 됩니다. 바로 내 몸에서 들리는 소리를 들을 수 있는 기회니까요. 그리고 어차피 먹을 아침식사라면 몸과 마음의 소리에 답하는 시간을 연구해 봅시다. 가족과 함께 의논하는 것도 좋은 방법입니다. 생활 습관병까지 걱정되는 신세대들에게 식생활의 균형은 매우 중요합니다.

아침에 상쾌하게 일어나려면 저녁식사는 위장의 80퍼센트 (배 부르기 조금 전에 그만 먹는 것) 정도로 섭취하고, 잠자리에 들기 세 시간 전까지는 식사를 끝내는 것이 바람직합니다. 그렇게 하면 위장에 부담을 주지 않아 숙면을 취할 수 있고 아침에는 공복 상태로 눈이 번쩍 떠집니다.

자 그럼, 내일 아침식사로 무엇을 먹을지 결정했습니까?

'4대 자립' 갖추기
– 생활적, 정신적, 경제적, 성적 자립

　이제 갓 고교 1학년이 된 학생들에게 "여러분은 스스로를 어른이라고 생각하나요, 아니면 아이라고 생각하나요?"라는 질문을 자주 합니다. 1학년들 중에는 고등학생이 되었지만 아직 아이스러움이 남아 있는 학생들도 있습니다.

　그러나 이제부터는 그저 우연히 기술가정 수업을 듣는 것이 아니라 자립을 향한 중심을 잡고 생활력을 익혀가기 위해 공부해야 합니다. 그러려면 스스로가 지금 어디에 서 있는지부터 확인하는 것으로 수업을 시작합니다.

　다음에는 왜 그런 식으로 생각하는지 이유도 말해 보라고 합니다.

60

"아직 저는 스스로를 아이라고 생각합니다. 아직도 부모님에게 의지하고 있고 스스로 못하는 일도 많아서요."

"지하철은 어른 요금을 내지만 아무래도 아직은 아이인 것 같아요. 이유는 잘 모르겠지만."

"아르바이트를 해서 용돈을 스스로 버니까 어른이라고 말하고 싶지만 빨래나 도시락은 여전히 엄마가 해주시니까. 음, 어느 쪽인지 잘 모르겠어요."

"우리 부모님은 어떤 때는 '아이들은 조용히 입 다물고 있어'라고 하고, 또 어떤 때는 '이제 다 컸으니까 스스로 하도록 해' 하며 때에 따라 달라요. 그래서 제가 어른인지 아이인지 잘 모르겠어요."

아이들의 의견은 이렇게 다양합니다. 지금 이 책을 읽고 있는 여러분은 어떻습니까?

무엇으로 어른과 아이를 구분하는지 학생들의 의견에서 추정해 보겠습니다. 지하철 요금과 음주, 흡연 연령 등 사회에서 정해 놓은 '어른의 기준'을 제외하면 많은 학생들이 '생활하는 데 필요한 다양한 사안들을 남이 해주는지, 아니면 스스로 하는지의 차이' 식으로 여기고 있음을 알 수 있습니다. 바꿔 얘기하면 타인에게 의존하고 있어 하지 않는지, 그런데 '어떤'지고 있

〈표1〉 자립도 체크

자립도 체크	여러분은 <u>스스로</u> 어느 정도 자립했다고 생각하나요? 자신에게 맞는 곳에 ○를 하세요 고등학생은 55점 이상이면 '자립'입니다	안 한 다	가 끔 한 다	대 부 분 한 다	항 상 한 다
		1점	2점	3점	4점

A 자기 일은 스스로 하고 있나요? (생활적 자립)

❶ 아침에 <u>스스로</u> 일어난다					
❷ 내가 자는 침대나 이불 정리는 <u>스스로</u> 한다					
❸ 내 방 청소는 <u>스스로</u> 한다					
❹ 내 옷 관리는 <u>스스로</u> 한다					
❺ 외출할 때 입을 옷은 <u>스스로</u> 고른다					
❻ 옷의 단추가 떨어지면 <u>스스로</u> 단다					
❼ 자신이 사용한 식기나 도구 등은 <u>스스로</u> 정리한다					
❽ 혼자 있을 때 식사는 <u>스스로</u> 준비하고 뒷정리도 한다					
❾ 내 옷은 <u>스스로</u> 사러 간다					

B 집안일에 참여하고 있나요? (생활적 자립)

❶ 가족의 식사 만들기를 같이 하고 있다					
❷ 설거지나 식탁 뒷정리를 같이 하고 있다					
❸ 쓰레기는 반드시 분류하고, 버리는 것도 돕는다					
❹ 화장실과 욕실 등 집에서 청소를 분담하고 있다					
❺ 식료품이나 생활용품을 사는 일을 돕는다					

C 정신적으로 자립했나요? (정신적 자립)

❶ "안녕하세요?" "고맙습니다"라고 인사한다			
❷ 불쾌해도 화 내지 않고 대응할 수 있다			
❸ 하고 싶지 않아도 꼭 해야 하는 일이라면 한다			
❹ 자신과 다른 가치관을 가진 사람과도 대화가 가능하다			

D 경제적으로 자립했나요? (경제적 자립)

❶ 용돈을 어디에 썼는지 알고 있다			
❷ 용돈을 계획적으로 사용하므로 부족한 적이 없다			

《인간과 가족을 배우다-기술가정 워크북》 중 '자립도를 체크합시다'를 토대로 작성

합계 점수 [ ] **점(80점 만점)**

는지 아닌지로 판단하고 있는 것입니다. 그래서 수업에서는 다음 단계로서 체크표(표1)를 나눠주고 자신의 '자립도'를 체크하도록 했습니다.

체크가 끝나면 교실은 갑자기 시끌벅적해집니다. 친구들의 점수를 듣고 여기저기서 "이겼다!" "졌다!"라고 떠들기 시작합니다.

이 자립도 체크표는 일반적인 [illegible]

다. A와 B를 합쳐서 '생활적 자립'이라고 부르는 경우가 대부분입니다. 하지만 저는 고등학생을 대상으로 한 수업에서는 그들이 사용하기 쉽게 약간 변형해 사용하고 있습니다.

학생들의 체크가 끝난 후 칠판에 다음과 같이 썼습니다.

앞의 3개는 '자립도 체크'에 나오지만 마지막의 '성적(性的) 자립'은 여기서 처음 나오는 것입니다. '성'이라는 말에 학생들 사이에서 웅성거림이 일어날 때도 있습니다.

앞에서도 언급했지만 자립에 대한 개념과 분류방법에는 몇 가지 종류가 있습니다. 연구자에 따라 견해도 엇갈리고 교사나 학부모 사이에도 다양한 사고가 존재합니다. 어느 것이 옳고 그르다는 판단은 맞지 않는 것 같습니다.

저는 칠판에 쓴 4대 자립이 어른으로 성장하는 데 중요하다고 생각합니다. 그래서 '자립'을 주제로 한 수업에서는 꼭 이 4대 자립을 강조합니다. '학생들도 지금까지 다양한 상황에서 자립'이라는 말을 들었을 짓으로 생각하지만 다시 한 번 제 생

각을 전달하자 다양한 반응들이 나왔습니다. '자립도 체크'를
한 만큼 스스로를 객관적으로 바라볼 수 있기 때문입니다.

그러면 각각의 자립에 대해 설명하겠습니다. '생활적 자립'
은 누군가에게 의존하지 않고 스스로 자신의 생활을 쾌적하게
꾸려 나갈 수 있는 힘으로, 살아가는 데 필요한 기본적인 능력
을 가리킵니다. 새나 동물도 다 자라면 자신의 둥지는 스스로
만들어 관리하고 먹이도 스스로 조달합니다. 그와 같이 자신에
게 쾌적하면서 스스로 납득할 수 있는 범위에서 생활을 영위해
나가면 됩니다. 요리가 서툴고 청소를 못 해도 상관없습니다.
타인과 비교할 필요도 없습니다.

중·고등학생이라면 현실적으로 가족 단위의 생활을 하는
경우, 일반적으로 부모를 비롯해 다른 사람이 주축이 되어 생
활하는 경우가 많습니다. 식구들에게 응석이나 부리며 생활력
을 기르는 데 게으름을 피울 것이 아니라, 혼자 힘으로 이것저
것 가능하도록 연습해 두는 것이 자립으로 가는 지름길입니다.
그러려면 생활에 필요한 기술을 빠른 시일 안에 체득해야 합니
다. '혼자서도 할 수 있다'는 마음은 틀림없이 최대의 자신감이
될 것입니다.

'정신적 자립'은 모든 일에 스스로 미음 반응하 에미고 그 및

에 대한 책임감을 갖는 힘입니다. 곤경에 처하거나 고민에 부딪
쳤을 때 누군가 상담할 수 있는 사람이 존재한다는 것은 매우
멋진 일입니다. 하지만 최종적으로 어떻게 해결할지는 스스로
결정할 수 있어야 합니다. 충분히 생각하고 고민한 끝에 결정한
일에도 실패는 있습니다. '역시 A가 아니라 B를 택해야 했어'
라고 생각하는 경우도 있을 것입니다. 실패해도 괜찮습니다. 아
니, 실패하는 것이 맞습니다. 거기서 많은 것을 배우면 됩니다.
오히려 실패했을 때 남의 탓으로 돌리는 것이 문제입니다.

　'경제적 자립'은 수입에 맞게 지출한다는 식으로 예측이 가
능한 생활을 영위하는 힘입니다. 생활하는 데 필요한 수입을
얻는 것만으로는 충분치 않습니다. 수입과 지출의 균형이 중요
합니다.

　중·고등학생이라면 용돈이나 아르바이트 수입의 범위 내에
서 생활이 가능한지를 봅니다. 용돈 기록장을 만들어 돈의 흐
름을 관찰하는 것도 한 방법입니다. 휴대전화 요금, 친구들과
의 교제비 등 자신이 무엇에 어느 정도의 돈을 사용하고 있는
지를 아는 것은 매우 흥미로운 경험입니다. 그런 경험을 쌓아
감으로써 수입과 지출의 균형을 생각하며 계획적으로 돈을 사
용하는 힘을 체득하게 됩니다. 이것은 사회인이 되었을 때 깊

래를 예측하며 생활해 나가는 힘이 되기도 합니다.

'성적 자립'은 성을 무언가의 목적이나 도구로 사용하는 것이 아닌, 또 타인에게 이용당하거나 침해받는 것이 아닌 각자가 유쾌하게 자신의 '성'을 향유할 수 있는 상태를 가리킵니다. 인간관계를 풍요롭게 하고 사람을 끌어당기는 힘이 되기도 하므로 간혹 성을 인간관계를 형성하는 도구로 생각하는 사람이 있습니다. 하지만 성은 인간 본성의 일부에 지나지 않습니다. 탄탄하게 인간관계를 구축할 수 있는 힘이 있다면 필요 이상으로 휘둘리는 일이 없을 것입니다. 성적 자립에 대해서는 다음 장에서 좀 더 자세히 다루도록 하겠습니다.

'자립' 하면 왠지 어렵고 귀찮으며 자신은 도저히 불가능하다고 느끼는 사람도 있을 것입니다. 자립을 '상태'로 받아들여 '언제나 무엇이든 스스로 해야 자립'이라고 여긴다면 참으로 어렵고 귀찮은 행위입니다. 그래서 저는 자립을 '자세'로 받아들여야 한다고 생각합니다.

예를 들어, 평소 자립적인 생활을 하는 사람도 질병이나 부상 등으로 타인의 도움을 받아야 할 때가 있고, 정신적인 우울로 고민을 들어줄 사람이 필요할 때도 있습니다. 그렇다고 그런 상태가 자립이 아니라고 말할 수 없습니다. 자립을 자세로 여기면 마음이 편해집니다.

'자립하지 못한 사람'은 일방적으로 남에게 의존하고 있는 사람이라고 생각하면 됩니다. 반대로 '자립한 사람'은 타인의 도움이 필요할 때도 있지만 타인을 도울 수도 있는, 상호 도움을 주고받는 관계를 맺고 있는 사람입니다.

사람과 사람이 서로 돕는 관계가 되려면 적당한 생활의 요령이 필요합니다. 예를 들어, 가족 중 누군가 감기에 걸려 죽을 끓여주어야 한다고 가정합시다. 만드는 방법을 안다면 즉석에서 끓일 수 있습니다. 혹시 조리법을 모른다면 죽을 파는 가게에 가면 됩니다. 이웃에게 부탁할 수 있다면 그것도 한 방법일 것입니다. 죽을 끓여 달라고 부탁할 수 있는 이웃과 관계를 맺어 두는 것도 생활력의 하나이기 때문입니다.

하지만 가장 좋은 방법은 스스로 해결할 수 있는 능력을 갖추는 것입니다. 익숙하지 않으면 모든 게 큰일처럼 여겨지거나 어렵게 보이지만 사실 생활에 필요한 기술 중에는 그다지 특별한 게 없습니다. 반복해서 하다 보면 대부분 처리할 수 있게 됩니다.

예를 들어, 죽 만들기도 조리법을 배우면 그다지 어렵지 않다는 사실을 알게 됩니다. 그렇다고 무슨 일이든 노력한다고

다 되는 것은 아닙니다. 아무리 연습해도 서툰 일이 있게 마련이고, 개인적인 사정으로 도저히 불가능한 일도 있습니다. 그럴 때는 그것을 할 수 있는 누군가에게 부탁합니다. 그리고 자신이 누군가의 부탁을 받았을 때 그때의 보답이라 여기며 흔쾌히 도와주면 됩니다.

기술가정 수업에서는 중학생, 고등학생, 대학생 시기를 청년기라고 가르칩니다. 최근에는 30세까지를 그렇게 부르는 경우도 있습니다. 저는 청년기를 '자립을 획득하는 시기', 즉, 생활력을 익히고 상부상조하는 관계를 구축하기 위한 훈련기간으로 생각합니다. 청년기를 30세까지로 규정한다면 도움닫기의 기간은 상당히 길다고 할 수 있습니다. 서두를 것 없이 천천히 연습하면 됩니다. 물론 성인이 되는 20세까지 최소한의 생활력은 갖추겠다는 각오를 다질 필요가 있겠지요.

만약의 경우를 대비해 죽 끓이는 방법을 소개하겠습니다.

【 쉽게 죽 끓이는 방법 】

❶ 지어놓은 밥으로 죽 끓이는 방법을 소개하겠습니다. 식은 밥(한 공기)을 냄비에 넣고 3~4배의 물을 붓습니다.

❷ 밥은 미리 체에 쳐지이 덩어리지기 않게 한 후 불에 쓰받니다 류

어 넘치지 않도록 불을 약하게 줄여 천천히 끓입니다.

❸ 밥알이 수분을 흡수해 부드러워지면 불을 끄고 밥공기에 덜어 냅니다.

❹ 죽만 먹기도 하고 취향과 몸 상태에 따라 반찬과 함께 먹기도 합니다.

요즘은 죽 기능이 있는 전기밥솥도 있으므로 그것을 활용하는 것도 한 가지 방법입니다. 또한 책이나 인터넷을 통해 전문가의 방법을 따라해 보는 것도 좋습니다.

공부의 의미를 일상에서 찾아라

무엇을 위해 공부하는지 고민해 본 적이 있습니까? 주변을 살펴봐도 누구나 고등학교에서 배운 것을 일상에서 활용하며 일을 하는 것 같지는 않습니다.

영어 교사 시절 학생들은 자주 "선생님, 우리가 왜 영어를 공부해야 해요?"라고 물었습니다. 새내기 교사 시절에는 "앞으로는 글로벌 시대니까 영어뿐만 아니라 외국어 하나쯤은 할 수 있어야 해요"라고 학생들이 이해할 만한 이유를 쥐어짜내 대답했습니다. 그런데 아무리 설명해도 납득하지 못하는 학생들이 있었습니다. "왜죠? 특별히 영어를 쓰지 않아도 사는 데 지장이 없잖아요. 시는 데 큰에 끼어도 어어는 쓰지 않듯 시 나 보

그런 직업도 갖지 않을 거예요"라며 물러서지 않았습니다. 몇 년이 흐르는 동안 저는 문득 깨달았습니다. 제게 공부의 의미를 묻던 학생들은 영어를 공부해야 하는 이유가 궁금해 질문한 것이 아니라는 사실을 말입니다.

학생들은 "선생님, 저는 선생님의 영어 수업이 어려워 따라갈 수가 없어요. 공부 방법을 알려주셨으면 좋겠어요"라고 호소했던 것입니다. 그때까지는 "무조건 공부해!" "노력밖에 없어!"라고만 했는데, 이러한 사실을 깨닫고 난 후에는 그런 명령조의 말은 접고 "영어는 어렵지. 나도 어려운걸" 하며 먼저 학생들의 기분을 수용하려고 했습니다. 그리고 "영어를 못한다고 불행한 건 아니지만 점수가 나쁘면 유급하게 되고 단짝 친구들과 헤어져야잖니. 그러면 무척이나 재미없고 지루하겠지. 그러니 유급 당하지 않을 정도는 노력해야 되지 않을까? 선생님도 수업내용을 이해하기 쉽게 가르치도록 좀 더 노력해 볼게"라고 말했습니다.

영어 공부의 의미를 자신의 일상과 연관지어 생각할 수 있게 되면 신기하게도 "알겠어요. 저도 좀 더 열심히 할게요"라는 반응들이 늘어납니다.

이 사례를 통해 느낀 점이 있습니다 수업내용을 수동적으로 주입시켜서는 학생들이 절대 재미를 느끼지 못한다는 사실입니다. 배우는 의미와 목적이 자신의 일상과 연결될 때 학생들은 비로소 능동적으로 학생들의 배우려는 의지가 싹을 틔웁니다. 그래서 학생들이 공부의 이유가 "유급을 당해서 단짝 친구와 학년이 달라지는 건 싫어요"라고 해도 상관없습니다.

한 가지 더 깨달은 점이 있습니다. 저는 정해져 있는 커리큘럼을 가르치는 것에는 열정을 다했지만 왜 공부해야 하는지, 진짜 학문의 목적을 전달하는 데 무관심했습니다. 그래서 학생들이 "왜 공부해야 하죠?"라고 물었을 때 '글로벌 시대가 어쩌구 저쩌구……' 같은 대답을 해버린 것입니다. 영어는 주요 과목이기도 하고 수능시험에서는 필수 과목이기도 합니다. 공부는 당연히 해야 하는 것이라는 의식이 있었는지도 모르겠습니다. 그러나 배우는 입장에서는 그런 의식만으로 따라갈 수 없는 경우도 종종 있습니다. 그렇기에 가르치는 입장에서도 수업이란 학생들과 함께 만들어 가는 것이라는 의식이 필요하다는 사실을 새삼 확인하게 되었습니다.

국·영·수만 좇다 놓치고 있는 '주요 세 과목'

영어 교사 시절의 체험이 기술가정을 가르치는 데 도움이 된 것은 두말할 나위가 없습니다. 하물며 기술가정은 영어와 비교해 학생들의 일상과 훨씬 밀착된 내용을 다룹니다. 저는 의욕적으로 가르치기 시작했습니다. 그런데 영어 수업을 들을 때와 기술가정 수업을 들을 때를 비교해 보면 학생들의 태도가 완전히 다르다는 현실에 바로 부딪쳤습니다. 이것이 '기타 과목'을 가르치는 의미임을 깨닫는 데 그다지 오랜 시간이 걸리지 않았습니다.

중·고등학교에서는 흔히 학교에서 배우는 과목을 주요 과목과 기타 과목으로 나눠서 부릅니다. 주요 과목인 영어 교사에서 기타 과목인 기술가정 교사로 전향했기 때문은 아니지만 저는 이러한 호칭에 약간의 위화감을 느꼈습니다. 무엇을 기준으로 '주'와 '부'로 나누는지 그 이유가 극명하게 보였기 때문입니다.

아마도 지금의 교육제도가 대학입시를 정점으로 하는 '입시' 시스템을 중심에 두고 있기 때문일 것입니다. 시험결과, 즉 숫자로 서열화하기 쉬운 과목이 '주요 과목'이 된 것이라는 생각이 듭니다.

공부는 입시를 위해 해야 하는 것만은 아닙니다. 인간의 보다 풍요로운 삶을 위해 배우는 것입니다. 그러므로, 입시 후 사회에 진출한 뒤에도, 나이가 들고서도 공부는 계속됩니다. 배운 것이 자신에게 도움이 되었다면 그것이 바로 공부하는 진짜 성과인 것입니다. 다시 말해 '입시'에 얽매이지 않고 공부의 의미를 생각해 본다면 각자 공부해야 하는 '주요 과목'도 사람마다 당연히 달라지지 않을까요?

자신의 흥미와 관심이 가장 집중되는 과목이야말로 그 사람에게 있어 참된 의미의 '주요 과목'입니다. 그러므로 입시와 관련된 주요 과목은 필사적으로 공부하지만, 입시와 상관없는 기타 과목은 소극적으로 배우 되면는 발상을 상당히 바나씨나 입입니다. 현시점에서는 입시가 우선되는 목적일지라도 '기타 과목'의 재미를 모르고 졸업하는 것은 자신에게 큰 손해입니다.

이런 식으로 생각해 보니 '기타 과목'에 대한 견해가 달라지지 않나요? 저는 '기타 과목'으로 취급하는 보건체육, 예술, 기술가정의 세 과목을 다음과 같이 정의합니다.

- 보건체육 신체의 감성을 가꾸는 과목
- 예술 마음의 감성을 가꾸는 과목
- 기술가정 생활의 감성을 가꾸는 과목

체육 수업에서는 초등학교부터 고등학교 때까지 다양한 종목을 경험합니다. 서툰 종목은 두 번 다시 하고 싶지 않은 학생들도 있겠지만, 신체를 움직이는 즐거움과 쾌감을 느낀 학생들도 많을 것입니다.

또한 시험공부를 하는 막간에 맨손체조나 달리기를 하면 머리가 상쾌해지고 그 후에 오히려 공부가 잘 되던 경험도 있었을 것입니다. 몸을 움직이는 것은 단순히 운동능력을 높이는 것뿐만 아니라 식욕과 건강, 수면 증진을 도모하거나 몸과 마음의 긴장을 풀어주는 효과도 있습니다. 보건 수업에서는 그 이론도 공부합니다.

한 번이라도 몸을 움직이는 즐거움을 맛보면 실생활에 대입시키고 싶어집니다. '평생 스포츠'라는 말이 지금은 꽤 익숙해 있습니다. 그러므로 학교 체육 수업에서 평생 즐길 수 있는 스포츠를 찾아보는 것도 좋은 방법이라고 생각합니다.

예술 과목은 어떨까요? 다양한 음악이나 미술 작품을 통해 아름다움을 느낄 수 있는 감성을 기를 수 있습니다. 교과서에는 국내외의 멋진 작품들이 많이 실려 있습니다. 작품들 하나하나에 진심으로 귀기울이고 때로는 자신의 목소리를 실어 진지하게 응시해 보세요. 음악, 색깔, 모양에는 경이로움이 숨어 있다는 사실을 깨닫게 될 것입니다. 작품이 탄생하게 된 나라들의 역사와 인간이 만들어낸 창조물에 감동받을 것입니다. 또한 그러한 작품들이 자아내는 미의식에 자극받아 내면에서 눈 뜨는 감각도 있을 것입니다.

무언가 아름답다고 느끼는 감성은 타인과 비교하거나 우열을 가릴 수 있는 것이 아닙니다. 왜냐하면 감성이란 개개인의 자아 깊은 곳에서 자신을 편안하게 만들어주는 것이기 때문입니다. 때로는 인생의 위기가 찾아왔을 때 자신을 지탱해 주는 정신적 지수가 되는 생각도 있습니다.

'수업 중에 무슨 감성을 가꾸라는 거야?' 하고 반발하는 학생들도 있을 것입니다. 그런 학생들은 무조건 수업에 의지하지 말고 영화관이나 미술관에 가거나, 다양한 장르의 음악을 닥치는 대로 들어볼 것을 권합니다.

즉, 기술가정은 생활의 전반적인 분야를 취급합니다. 어떤 생활방식이 자신에게 쾌적한지 알아내고, 쾌적하게 살기 위한 실질적인 방법을 체득하는 과목이라고 할 수 있습니다.

생활은 복잡하고 다양한 행위로 이루어집니다. 일하는 것, 노는 것, 먹는 것, 자는 것도 생활이고, 가족 이외에 이웃과의 교제나 봉사활동도 생활의 일부입니다. 그 방식은 매우 다양해 똑같은 삶은 존재하지 않습니다. 그것은 개개인이 쾌적하다고 생각하는 기준이 다르기 때문입니다. 따라서 자신에게는 쾌적하지만 타인에게는 불쾌할 수도 있음을 고려할 만한 감성이 필요합니다.

앞에서 기술가정은 생활의 감성을 가꾸는 과목이라고 했는데, 그것은 자신의 생활을 꾸려 나가는 것 외에도 사회 속에서 남과 더불어 살아가는 힘을 체득하는 것이기도 합니다.

먼저 수업과 일상을 오가며 자기 생활을 관찰하고 세상살이에 눈을 돌려보는 것은 어떨까요? 그러면 비로소 '생활의 삶성'이 연마되고 자신의 목표도 눈에 들어오게 될 것입니다.

사실 저는 이 세 과목(보건체육, 예술, 기술가정)을 '인생을 풍요롭게 하는 주요 세 과목'이라고 부릅니다. 삶을 즐겁고 풍요롭게 하는 데 이 세 과목만큼 강한 아군이 되어주는 것이 없기 때문입니다. 자아에 대해 고민하거나 자신을 둘러싼 가족과 사회에 눈길을 돌리기 시작하는 시기에, 이른바 주요 과목만큼이나 이 세 과목을 깊이 공부하는 것은 학생의 진로와 장래에 매우 큰 힘이 될 것입니다.

그러나 안타깝게도 현재의 교육은 역행하여 제가 제안하는 '인생을 풍요롭게 만드는 주요 세 과목'의 시간은 점점 줄어들고 있습니다. 더군다나 지금의 실정은 초등학교부터 영어 교육을 시작합니다. 진정으로, 영어 교육이 이러한 교육보다 더 중요하다고 생각하십니까?

2장

자립 수업 2

가족 속에서 살아가기

가족이란 무엇이라고 생각하니

기술가정 교과서의 첫 번째 내용은 가족에 관한 장입니다. 우리는 일상생활에서 가족이라는 말을 자주 사용합니다. 가족은 드라마나 영화의 단골 주제이기도 합니다. 하지만 가족이란 무엇일까에 대해 진심으로 고민해 보거나 누군가와 깊이 토론하는 일이 거의 없습니다. 혹시 대부분이 가족 정체성의 의미가 어려워 이렇다 할 결론을 내릴 수 없을 거라는 의구심 때문에 그러는 것은 아닐까요? 2장에서는 이러한 '가족'에 대해 생각해 보겠습니다.

수업시간에 "당신의 가족은 몇 명입니까?" "가족이라는 단어를 들었을 때 머리에 떠오르는 사람은 누구입니까?"라고 질문하면 학생들은 조금 의아하다는 표정입니다.

"선생님, 무슨 말이 듣고 싶으신 겁니까?"

한 학생이 아저씨 같은 투로 물었지만 대답하지 않았습니다.

"제 질문을 듣고 여러분의 머리에 떠오른 것이 지금 자신의 가족 구성원이고, 가족의 인원수일 것입니다. 그렇다면 여러분은 왜 그 사람들을 자신의 가족이라고 생각합니까? 왜 그 외의 사람들은 가족이라고 생각하지 않는 것일까요?"

그러자 교실 여기저기가 왁자지껄해졌습니다.

"왜냐고요? 가족은 가족으로 정해져 있으니까요. 달리 설명할 방법이 없어요."

"맞아요. 왜냐고 묻는 게 더 이상해요."

학생들로부터 다양한 의견이 나왔습니다. 그때 한 학생이 남들보다 두 배는 큰 목소리로 말했습니다.

"함께 살고 있으니까, 가족이라고 생각합니다."

이 의견은 설득력이 있었습니다. 다른 학생들이 일제히 찬성하기 시작했습니다.

"아, 맞아. 함께 생활하기 때문이야. 함께 사는 게 가족이지."

"맞아, 맞아. 그것으로 결정!"

의기양양한 표정을 짓는 학생들에게 지는 것보다 지나기도

84

했습니다.

"흠, 함께 살면 가족이라고? 그렇다면 혼자서 파견 근무를 하는 아버지나 자취하는 대학생 언니나 형은 가족이 아니라는 뜻이네?"

학생들의 표정이 갑자기 변했습니다.

"왜요? 파견 근무를 하는 아버지도 당연히 가족이지요."

"맞아요. 자취하는 언니 역시 가족이고요. 그건 지극히 당연한 거죠."

선생님이 그것도 모르느냐는 표정의 학생들 사이에서 갑자기 손 하나가 올라왔습니다.

"아, 알았다! 부모와 자식이오. 피가 섞이면 가족 아닌가요?"

대부분의 학생들은 이 대답이 정답이라는 표정입니다. 개중에는 웃고 있는 얼굴도 보입니다. 저는 다시 한 번 심술을 부려 봅니다.

"그래? 그럼 부부는 피가 섞이지 않았으니 가족이 아니겠구나. 아, 그리고 반려동물도 물론 가족이 아닐 테고."

교실에서 비난의 함성이 터졌습니다.

"부부는 당연히 가족이죠. 선생님, 무슨 말씀을 하시는 거예요?"

조금 전에 '혈연관계가 가족'이라고 대답했던 학생이 "선생님, 왜 자꾸 그런 말씀만 하세요? 반려동물도 가족이 확실해요"라고 제 의견에 이의를 제기했습니다.

"넌 조금 전 혈연관계가 있어야 가족이라고 했잖니. 그럼 넌 반려동물과 혈연관계구나?"

저도 지지 않고 되물었습니다. 학생은 답변이 막히자 갑자기 소리쳤습니다.

"피는 섞이지 않았어도 가족은 가족이에요!"

교실은 폭소의 도가니가 되었습니다. '가족'에 대해 하나씩 물어보자 학생들은 흥미로울 정도로 반응했고, 제각각 자신들이 생각하는 가족에 대한 이미지가 끊임없이 터져나왔습니다.

'가족'은 일상 속에서는 윤곽이 뚜렷하지 않지만 많은 이들이 어릴 적부터 가까이에 있다고 느끼는 대상이라고 생각합니다. 그러나 막상 가족이 무엇이냐고 물으면 '가족은 ○○입니다'라고 구체적으로 답하기 어렵다는 사실을 깨달았습니다. 또한 개개인이 생각하는 가족의 이미지가 다르다는 것도 수업 중에 알게 되었습니다.

"그럼, 도대체 가족은 무엇일까?"

드디어 학생들 사이에서 호기심이 발동했습니다. 서의 질문이 학생들의 지적 호기심을 자극하자 교실 분위기가 확 바뀌었습니다. 그리고 배우고자 하는 열의에 들뜬 수업이 진행되었습니다. 바로 이럴 때야말로 기술가정 교사로서 기쁘고 보람 있는 순간입니다.

그러면 다시 한 번 가족에 대해 생각해 보겠습니다.

대부분의 기술가정 교과서는 다음과 같이 가족에 관해 정의해놓고 있습니다.

가족은 크게 핵가족과 대가족으로 나뉜다. 핵가족이란 부부와 미혼의 자식 또는 편부모와 미혼의 자식 또는 부부만으로 구성된 가족을 가리키고, 대가족은 핵가족에 조부모 등 다른 친족이 더해진 가족의 형태를 가리킨다.

설명을 들은 학생들은 저마다 "우리는 핵가족이야" "우리는 대가족이다"라고 자신의 가족을 분류하기 시작했습니다. 그러나 세계적으로 살펴보면 실제로 위의 정의는 대단히 한정적인 '가족'상을 그리고 있을 뿐입니다.

가족이라고 여기는 사람이
그 사람에게 가족이다

가족에 대해 조금 더 깊이 생각하는 시간을 갖기 위해 1994년 '국제 가족의 해'를 맞아 국제연합에서 정의한 '가족'에 관한 문장을 소개하겠습니다.

이것에는 국제연합총회가 '국제 가족의 해'에 관한 1991년도 결의에서 '다양한 정치사회적·문화적 시스템에 있어 가족의 다양한 개념과 존재를 인정했다'라고 기록되어 있습니다.

국제연합은 '국제 가족의 해'로 정한 그해, 세계적으로 다양한 행사를 진행했습니다. 개인의 인권, 자유와 평등이 보호받고 개개인의 능력이 사회에서 발휘되려면 '가족'이 안고 있는 다양한 문제의 해결지원 시스템을 만들 필요가 있다고 생각했기 때문입니다. 그 활동을 진행하는 데 가장 고심했던 것 중의 하나가 '가족은 누구를 가리키는가?'를 정의하는 것이었다고 합니다.

그건 그렇고, '다양한 정치사회적·문화적 시스템에 있어 가족의 다양한 개념과 존재'라는 것은 도대체 무슨 의미일까요? 국제연합의 문장이란 세계 각국에서 보고, 그와 동시에 행사를 추진할 때의 지침이기도 합니다. 그래서 누가 읽어도 오해의 소지가 없도록 쓰는 게 원칙입니다. 그러나 그토록 심사숙고해서인지 아니면 번역의 문제인지 한 번 읽어서는 도저히 무슨 뜻인지 알 수 없습니다. 학생들 중에도 이해 안 되는 사람이 많은가 봅니다. 그래서 의역을 각오하고 제 나름대로 알기 쉽게 고쳐 해석해 보았습니다.

'국가와 지역에 따라 누구를 가족으로 여길지는 실로 다양합니다. 실정에 맞게 모두 가족으로 정의해도 좋습니다.'

인용 자료에는 가족을 정의하는 문장 다음에 '가족의 형태'라는 제목의 표(표2)가 실려 있습니다.

〈표2〉를 보면 국제연합의 정의를 좀 더 잘 이해할 수 있습니다. 이제 겨우 이해하겠다는 표정의 학생들도 늘어났습니다.

그래서 이 표에서도 이해하기 힘들거나 부선 너이들이 있에

〈표2〉 가족의 형태

핵가족	확대가족	재편가족
생물학적	3세대	재혼
사회적 친족	공동체 생활	동성*
편부모	부족	
양자	복수혼*	
시험관*		* 한정된 국가에서만 합법

출처: Family: Forms and Functions, Occasional Papers Series, No.2, United Nations, Vienna 1993

띕니다. 예를 들어 '생물학적'이라는 단어의 의미가 무엇일까요? 자료를 읽어 내려가자 '어머니의 생물학적 자매를 어머니라 하기도 하고, 아버지의 형제가 아이의 아버지 역할을 하는 경우도 있다. 사촌이 전부 형제자매로 불리는 경우도 있다. 이런 종류의 가족은 부모가 많기 때문에 자식을 방치하는 일이 거의 없다'라는 문구가 있습니다. 어머니의 자매면 이모인데 이모를 어머니라 부르고 아버지의 형제인 숙부가 아버지 역할을 한다? 사촌이 모두 형제? 설명을 듣던 학생들이 일제히 '정말이에요?'라는 표정입니다.

이렇게 국제연합은 세계적인 상황에서 볼 때 자신이 사는 사회와 국가에서는 상상도 할 수 없는 '가족' 형태까지 가족으로 인정한다고 선언한 것입니다. 그렇다면 교과서에는 왜 '가족은 크게 핵가족과 대가족으로 나눌 수 있다'고 국제연합과 비교해 작고 한정적인 의미로 정의해 놓은 건지 의아해 하는 사람도 있을 것입니다. 실제로 수업 중에 그런 질문을 받은 적이 있습니다.

그것은 법률의 정의에 따른 것으로 틀린 것이 아닙니다. 각 나라에서는 국제연합과 마찬가지로 '가족'이 무엇을 지칭하는지 정의하지 않으면 가족에 관한 법률을 정할 수 없으므로 그렇게 정의해 놓고 있는 것입니다.

자신이 살고 있는 나라의 규율과 정의를 알아두는 것은 매우 중요한 일입니다. 한발 더 나아가 국제연합의 정의와 다른 나라의 규율이나 정의와 비교해 보십시오. '가족'이 전혀 다르게 느껴질지도 모릅니다. 그만큼 '가족'은 다양한 것입니다. 따라서 여러분이 어른이 되어 가족을 구성할 때 국가가 정한 규율에 위화감을 느낀다 해도 조금도 이상할 게 없습니다. 수업할 때도 그 점을 강조합니다.

법률에 준해 이상하다거나 들어맞지 않는 사례라 할지라도 반드시 틀렸다고는 볼 수 없습니다. 세상에는 그만큼 다양한 '가족'이 형태가 존재합니다.

가족의 정의를 생각해 보는 수업에서 마지막으로 소개할 문구가 있습니다. 누구의 말인지 기억나지 않지만 제 마음 속에 남아 있는 내용입니다.

국제연합의 가족에 관한 정의를 매우 알기 쉽게 표현한 것으로, '가족이라고 여기는 사람이 그 사람에게 있어서 가족이다'라는 문장입니다. 학생들은 이 정의가 가장 마음에 와닿는다고 합니다.

수업이 끝날 무렵 다시 한 번 학생들에게 물었습니다.

"여러분의 가족은 몇 명입니까? 어떤 사람들을 가리킵니까?"

그러자 학생들은 그저 씩 웃을 뿐이었습니다.

내가 생각하는 가족의 범위

'가족'의 정의에 대한 이미지가 조금 더 확실해졌을 것입니다. 기술가정 교사가 된 이후 저는 가족에 관한 수업을 매우 중요하게 여겨왔습니다. 가족을 어떻게 인식하느냐에 따라 학생들이 자립의 지름길을 쉽게 찾을 것으로 생각했기 때문입니다. 대부분의 십대가 자립으로 가는 과정 중에 맨 처음 부딪치는 것이 가족관계입니다. 또한 처음 접하는 성인이나 인생의 롤모델이 부모인 경우가 많기 때문입니다. 가족이나 부모를 어떻게 객관적으로 인식하느냐에 따라 살아가는 방식이 달라진다고 생각합니다.

대부분의 학생들에게 가족은 세시기에 가까이 숨게게 생각적으로 인식하기 어렵습니다. 수업에서의 첫 질문과 국제연합의 정의에서 '함께 살지 않아도' '피가 섞이지 않아도' 가족이라는 사실을 알았습니다. 그러나 더욱 깊은 이해를 위해 '내가 생각하는 가족의 범위'라는 제목으로 수업을 진행하고 있습니다. 이 수업에서는 부교재인 《인간과 가족을 배우다 – 기술가정 워크북》에 실린 '다양한 가족'이라는 내용으로 공부합니다.

이제 누구를 가족으로 여기는지에 대해 다양한 사고가 존재한다는 것을 이론적으로는 이해했을 것입니다. 하지만 학생들이 실제로 어떤 사람들을 가족으로 생각하는지 확인해 보면, 좁은 교실 안에서도 의견이 나뉩니다. 자신이 가족이라고 생각하는 조합을 옆자리 친구는 가족이 아니라고 합니다. 이것은 꽤 충격적인 체험입니다. 수업에서 '지금까지 가져왔던 나의 자신의 가족관이 흔들렸다!'라는 감상을 노트에 적는 학생도 있었습니다.

학생들에게 인쇄물을 나눠주며 다음과 같이 물어보았습니다(표3).

"표에 등장하는 사람들은 모두 열심히 살고 있습니다. 함께 생활하기 시작한 지 10년 이상 됩니다. 여러분에게 이 사람들에 대해서 물어보겠습니다. 질문의 내용은 한 가지로, 가족이

〈표3〉 다양한 가족		
아버지와 자식들의 생활	어머니와 아버지, 자식의 생활	할아버지와 손자(녀)의 생활
친구끼리의 생활	보호시설에서의 생활	독신으로서의 생활
장애인과 간병인의 생활	결혼하지 않은 두 사람의 생활	어머니와 아들의 생활
어머니와 자식들의 생활	할아버지, 할머니와 고양이의 생활	양자와의 생활
3세대 생활	각각 아이를 가진 어머니들의 생활	미망인으로서의 생활

출처: 《인간과 가족을 배우다 – 기술가정 워크북》

라고 생각하는지 아닌지에 관한 것입니다. 모두 어느 쪽인지 손을 들어주세요. 물론 정답이 있는 게 아니므로 가벼운 마음으로 대답해도 됩니다. '가족'이라는 단어에 관한 여러분의 느낌을 알고 싶은 것뿐이니까요. 느낀 그대로를 말해 주세요."

그렇게 설명한 후 각각의 경우마다 '가족이라고 생각한다' '가족이라고 생각하지 않는다' 중 어느 쪽인지 손을 들게 했고, 몇 명에게 왜 그렇게 생각하는지 물었습니다. 학급이나 연도에 따라 복특한 반응과 빌면이 세비있느 ⏄압으로 끈끈에 끄는 게

〈표4〉 가족이라고 생각하나요?		
	그렇다	아니다
❶ 아버지와 자식들의 생활	39명	1명
❷ 어머니와 아버지, 자식들의 생활	40명	0명
❸ 할아버지와 손자(녀)의 생활	38명	2명
❹ 친구끼리의 생활	11명	9명
❺ 보호시설에서의 생활	7명	33명
❻ 결혼하지 않은 두 사람의 생활	5명	35명
❼ 결혼한 두사람의 생활	40명	0명
❽ 장애인과 간병인의 생활	3명	37명
❾ 양자와의 생활	38명	2명
❿ 할아버지, 할머니와 고양이의 생활	37명	3명

이 수업의 특징입니다. 〈표4〉는 40명 정원인 한 학급의 결과입니다.

언뜻 보기에도 항목마다 체크한 학생수가 불규칙하다는 점이 매우 흥미롭습니다. 왜 가족이라고 생각하거나 생각하지 않는지 그 이유를 발표하게 하면 학생들이 매우 진지하게 생각한다는 것을 알 수 있어 매우 기뻤습니다. 때로는 생각지도 못한 대답이 있어 깜짝 놀라는 경우도 있습니다.

여러분도 예를 들어 '아버지와 자식'을 가족이라고 생각하지 않는 사람의 이유를 알고 싶지 않나요? 이 학생은 "어머니가 없어 가족이라고 하기에는 조금 부족한 느낌이 들어요"라고 이유를 설명했습니다.

❶~❸ 항목을 가족이라고 생각하는 이유로는 '피가 섞였으니까' '부모 자식이니까' 등이 많았는데 ❹, ❺번의 '친구'나 '보호시설의 생활' 항목에서는 '함께 살고 있으니까' 혹은 '10년이나 함께 살았기 때문에 서로를 잘 알고 있어서' 등의 이유가 나왔습니다. 표에서 알 수 있듯이 '친구'나 '보호시설에서 함께 생활하는 사람'을 가족이라고 생각하지 않는 사람이 많은데, 그 이유로는 '친구는 어디까지나 친구일 뿐 가족은 아니다'는 의견이었습니다.

흥미로운 점은 '결혼한 두 사람'과 '결혼하지 않은 두 사람'의 차이입니다. 두 항목은 혼인신고 여부의 차이뿐인데 학생들에게는 큰 차이가 있는 듯 '친구라도 10년이 지나면 가족'이라고 답했던 학생까지 '결혼하지 않은 커플은 가족이 아니다'라고 했습니다.

"결혼은 안 했어도 이미 10년이나 함께 살고 있어요. 그러니 가족 아닐까요? 아까 10년 친구도 가족이라고 했잖아요?"라고 학생들을 혼란스럽게 만들어보았습니다. 그러니 그들이 겨우

관은 매우 확고해서 혼인신고의 유무가 결정적인 요소인 듯했습니다.

어쩌면 학생들 대부분이 현재 혼인관계의 지속과 상관없이 혼인신고한 부부 사이에서 태어난 자식들이기에 상식적으로 혼인신고가 '부부'의 전제조건이라고 생각하는지도 모르겠습니다. 하지만 현실적으로 혼인신고한 법률혼뿐만 아니라 혼인신고를 하지 않은 '사실혼'인 커플도 상당수 있습니다. 실제로 주변에 사실혼 관계인 커플을 알고 있었다면 주저 없이 '가족이라고 생각한다'에 손을 들었을 것입니다. 법률혼이든 사실혼이든 각자의 사정으로 그런 형태를 취하게 되었을 것이라고 상상력을 발휘해 보는 것이 중요합니다.

무엇보다도 흥미 있는 사실은 '할아버지, 할머니와 고양이'인데, 학급에 따라서는 전원이 '고양이도 가족으로 생각한다'고 답하는 경우도 있습니다.

"10년 동안 함께 사는 커플은 가족이 아니고 고양이가 가족이라고?"라고 물으면 "그래도 반려동물은 가족이에요!"라며 자신의 주장을 굽히지 않습니다. 반려동물에 관해서는 매년 가족이라고 주장하는 학생들이 늘고 있습니다.

"혼인신고 하지 않은 커플은 가족이 아니라고 말했던 사람에게 다시 묻겠습니다. 고양이는 혼인신고는 물론이고 피도 섞이지 않고 본래 사람도 아닙니다. 그래도 가족인가요?"라고 어휘를 바꿔가며 학생들의 가족관을 추궁해 보았습니다.

"그러면 할아버지와 할머니가 데리고 사시는 게 고양이가 아니라 거북이라면 어떨까요? 거북이도 가족이라고 생각하는 사람은 손 들어보세요. 어? 손 든 사람이 조금 줄었네!"

거북이라는 소리에 적지 않은 학생들이 손을 내렸습니다. 반려동물이라도 고양이와 거북이는 다른 것 같습니다. 한 번 더 물어보았습니다.

"그렇다면 금붕어는 어떨까요? 역시 가족일까요?"

손을 들고 있던 학생들 수가 더욱 줄었습니다. 여기서 마지막 굳히기에 들어갔습니다.

"그렇다면 선인장은 어때요?"

선인장이라는 말에 딱 한 명이 손을 들었습니다. 아무래도 좀 오기가 생긴 것 같습니다. 저와 다른 학생들, 그리고 손을 들고 있던 본인까지도 웃었습니다. 왜 그렇느냐고 묻자 "여기까지 왔으니 그들 모두를 평등하게 대하고 싶어서요"라는 상당히 철학적인 답변이 돌아왔습니다. 교실은 웃음바다가 됐습니다.

"그럼, 거북이는 손을 들고 선인장에서 내린 친구, 왜 거북이는 가족인데 선인장은 가족이 아닌가요?"

"네? 글쎄요……, 거북이는 움직이니까요……."

그 학생은 가족에 대한 정의를 분명하게 모르고 있는 듯합니다. 그래서 호적이나 혈연이라는 확실한 잣대로 측정할 수 있는 사람들의 모임을 가족으로 판단하는 한편, 그 집단에 들어가지 않는 반려동물까지도 가족으로 생각하는 것 같습니다.

그때 다른 학생이 말했습니다.

"선생님, 함께 살고 싶어하면 가족 아닌가요? 개나 고양이는 함께 살고 싶지 않으면 집을 나갈 수도 있지만 금붕어나 선인장은 나갈 수 있는 자유가 없잖아요. 거북이는 사육되는 환경에 따라 다르기는 해도 보통 도망가기 힘드니까 가족이 아니라고 생각하는 거예요."

"맞아요. 다른 것도 마찬가지예요. 함께 살자고 생각하면 모두 가족일지 몰라요. 어떤 조합이라도 자신들이 함께 살고 싶어 살면 가족으로 여겨도 좋다고 생각해요."

"저도 그렇게 생각해요. 함께 살 수 없게 되면 가족은 흩어져요. 저희 부모님은 이혼했는데 가족은 그런 거라고 생각해요. 가족인지 아닌지는 타인이 결정하는 게 아니라 스스로 결정하는 거예요."

　이렇듯, 드물기는 해도 이야기가 매우 심도 있게 발전하는 경우도 있습니다. 또한 수업 중에는 자신의 생각을 표현하지 못해도 이것을 계기로 가족에 관해 여러 가지를 생각하게 되는 것 같습니다.

진정한 가족의 의미를 깨달을 때

수업 다음 날이면 "선생님, 어제 우리 가족 저녁식사 때 '가족이란 무엇인가?'라는 주제로 나눈 대화 덕에 분위기가 엄청 뜨거웠어요" 라는 말을 들을 때가 있습니다.

대부분의 학생들에게 가족이란 '정신을 차려보니 원래부터 있던 것'으로, 스스로 구성원을 선택하거나 소속을 결정하는 것이 아닙니다. 그래도 가족에 만족하거나 자신이 가족의 일원임을 받아들이면 문제없지만, 가족이 그저 무거운 짐일 뿐이라고 여기는 경우도 적지 않습니다. 하지만 자신의 상황을 '수많은 가족 형태 중의 하나'라고 냉정하게 판단할 수 있다면 지금까지 골칫거리였던 문제가 '귀중한 경험'으로 변할 가능성이 높아집니다.

'결혼'을 결심할 때 누구도 '이혼' 가능성을 고려하지 않지만 현실에서는 많은 커플들이 이혼합니다. 다양한 사례의 이혼도 '가족의 붕괴' 식으로 부정적으로 수용할 게 아니라, 보다 잘 살기 위한 '발전적인 해결책'으로 받아들인다면 의식은 매우 긍정적으로 바뀔 것입니다.

학생들은 앞으로 다양한 경험을 하게 됩니다. 각자 열심히 사는 것이 중요하지 정형화된 전형적인 가족의 이미지에 얽매여 사는 것만이 무조건 행복하다고 얘기할 수는 없습니다.

하지만 결혼하지 않은 커플은 가족이 아니라고 여기는 학생들이 많다는 점에서도 알 수 있듯이, 학생들이 생각하는 행복의 형태가 상당히 고정화되어 있어 그와 다른 생활패턴은 실패로 인식하고 있는 듯합니다.

사람이란 태어나 자라서 결혼하고 결국은 늙어 죽는 존재입니다. 변화야말로 인생의 본질로서, 가족도 예외가 아닙니다. 그런 맥락에서 볼 때 인생에 실패 따위란 없습니다. 인생의 한 마디 한 고비가 변화의 한 단면일 뿐입니다. 언제나 긍정적인 마인드를 갖는 것이 중요합니다.

이 생의 수 세 시간 간 '끼기'의 긴긴은 변화에 대해 '안정감' 있게 대처하느냐 못 하느냐의 문제라고 바꿔 말할 수 있습니다. 그러한 자립에 중요한 요소는 넓은 시야로 세상을 보는 자세라고 말할 수 있습니다.

"가족의 형태는 매우 다양해. 이런 형태 저런 형태 모두가 가족이지. 다양한 형태의 가족들이 각자 열심히 살아가고 있단다."

수업이 끝날 즈음 이런 자세가 될 수 있다면, 어느새 살아가는 힘으로 체득되어 있을 것입니다.

가족의 식탁에 대한 생각

"우리는 오랫동안 한솥밥을 먹었으니 가족이나 마찬가지야"라는 얘기를 많이 들어보았을 것입니다.

친한 사이를 표현할 때 '한솥밥을 먹었다'라고 말합니다. 일정 기간 함께 먹고 자는 구성원들 사이에는 강한 연대감이 생긴다는 의미입니다. 한솥밥을 먹는다는 것은 소위 일상생활을 공유한다는 뜻이기도 합니다. 남이라도 함께 생활하다 보면 어느새 허물없이 지내는 사이가 된다는 얘기입니다.

이 글의 전제가 '가족은 한솥밥을 먹는 사이'인데 과연 현재 가족은 한솥밥을 먹고 있을까요?

밥는 사람들이 이 주제에 인데 관심을 가지 있나 해스께에서도 수없이 언급하고 있습니다. 일본에는 '개식(個食, 혼자서 밥을 먹는 것, 특히 가족이 따로따로 식사는 것-옮긴이)'이나 '고식(孤食, 홀로 밥을 먹는 것-옮긴이)'이란 말이 있습니다. 학생들이 실제로 어떤 형태로 식사하는지 저도 흥미가 생겨 '가족의 식탁'이란 주제로 지금까지 수업을 이어오고 있습니다. 다른 가족이 어떤 형태로 식사하는지 아는 것도 도움이 되기 때문입니다. 물론 어떤 식사 형태가 이상적인지 아닌지의 문제가 아니라, 다양한 식탁이 존재한다는 사실을 알아보자는 취지에서입니다. 그리고 학생들이 '가족이 식탁에 둘러앉는다'는 의미를 생각해 보는 계기가 됐으면 하는 바람 때문이기도 합니다.

학생들에게 우선 '가족이 함께 식사하는지' 여부와 '가족은 함께 식사를 해야 한다고 생각하는지'를 묻습니다. 각 가정의 현재 상황이 그대로 드러나는 질문이기에 대답을 꺼릴 수도 있어서 이 질문을 할 때면 약간 긴장하는데, 학생들은 의외로 솔직하게 대답합니다. 그리고 그들의 대답에서 각 가정의 식탁뿐 아니라 인간관계까지 엿볼 수 있습니다.

기술가정 교사가 된 직후인 17~18년 전부터 학생들에게 이런 질문을 했습니다. 따로 기록해 놓지 않아 정확하지는 않지만, 그 당시에는 '거의 매일 함께 먹는다'는 학생들이 꽤 많았습니다. 그러나 해가 거듭할수록 가족과 함께 식사하는 학생들이 줄어들었습니다. 저는 그 이유가 궁금했습니다. 그들의 답변에는 세상과 시대의 현상이 반영되어 있기 때문입니다.

숫자가 줄어들기는 했으나 '거의 매일 함께 먹는다'고 대답한 학생들 대부분이 '가족은 가능한 한 함께 식사해야 한다'고 느끼는 것은 예나 지금이나 변함없어 보입니다. '여럿이 먹어야 즐겁고 맛이 있다' '혼자 먹으면 맛이 없다'는 것이 이유입니다.

한편 '대부분 따로 먹는다'는 학생들은 "함께 먹으면 좋지만 현실적으로 불가능하다" "어렵게 시간을 맞춰 함께 먹는 것이 오히려 스트레스다" "가족이라고 꼭 함께 먹을 필요는 없다" "간혹 함께 먹을 때도 부모님은 공부 얘기밖에 안 한다. 따로 먹는 것이 우리는 더 편안하다" "혼자서 먹는 것이 마음 편하다" "거의 매일 아르바이트하는 곳에서 먹어서 다른 가족들은 어떻게 먹는지 모른다"고 대답했습니다.

특별활동이나 아르바이트, 학원 등으로 바쁜 학생들과 일에 쫓기는 부모들의 일상이 눈에 보이는 듯합니다. 그리고 거기에서는 가족, 특히 부모와 함께 식사하는 것에 대한 불편함마저 엿보입니다.

한 학생이 "함께 먹든 안 먹든 상관없어요. 각자 자유 아니에요?"라고 거친 말투로 대답했습니다. 너무 강한 기세에 한순간 교실 공기가 차갑게 얼어붙었습니다. 저는 그렇게까지 강하게 주장하는 학생의 생각이 궁금했습니다. 대답하지 않을 수도 있겠다고 생각하면서 "그것도 좋은 의견이야. 그래서 너희 집은 어떻지?"라고 물어보았습니다. 그러자 의외로 "우리 집은 함께 먹어요"라는 너무도 담담한 대답에 맥이 빠졌습니다.

"너는 함께 먹는 게 싫은 거니?"라고 묻자 "아뇨, 저는 함께 먹는 게 좋아요"라고 대답했습니다.

당시에는 제가 '가족은 가능한 한 함께 식사하는 게 좋아요. 따로 식사하는 사람들은 가족이 함께 먹을 수 있도록 방법을 생각해 보세요'라고 말할 것으로 짐작해 반발한 거라고 생각했습니다. 그러나 깊은 뜻이 있어 그렇게 발언했던 것은 아닌 듯합니다. 그 학생은 그저 '같이 먹든 혼자 먹든 아무래도 상관없잖아요' 식의 얘기를 하고 싶었나 봅니다.

또한 수업을 통해 다양한 가족이 존재한다는 사실을 배우게 된 것도 그런 발언의 이유 중 하나일 겁니다. 그리고 가족이라 해도 각양각색이어서 구성원도 다르고 인원수도 다릅니다. 그러므로 같이 먹고 싶어도 먹을 수 없는 경우도 있고, 가족이 식사는 함께해도 마음은 따로따로인 현실을 깨닫게 된 건지도 모릅니다.

'가족이 함께 식사하는 것이 좋고, 따로 먹는 것은 나쁘다'고 단정짓기 위해 이 수업을 진행하는 것이 아닙니다. 학생들이 저마다 처한 현실을 공유하며 다양한 사고와 생활방식이 존재한다는 점을 알려주고 싶었습니다. 그런 것들을 알면 자신의 생활방식을 객관적으로 수용할 수 있고, 그것은 곧 미래를 만드는 힘으로 연결되기 때문입니다. 또한 지금의 생활을 생각해보는 계기도 됩니다. 냉혹한 현실에 처해 있는 학생도 자신이 혼자가 아니라는 사실을 알게 됨으로써 마음 편해질 수 있을 것입니다. 이렇게 자신이 처한 현실을 재조명하는 기회를 갖는 것이 중요하다고 생각합니다.

이어서 "결혼해서 가족이 생길 경우 여러분은 가족과 함께 식사를 하고 싶나요?"라고 물었습니다. 그러자 놀랍게도 대부분의 학생들이 "함께 먹고 싶다"고 대답했습니다. 이것은 도대체 무슨 의미일까요?

"함께 먹는 게 즐거우니까" "같이 먹어야 맛있으니까" "식사 때만큼은 모두 얼굴을 보고 싶으니까"라는 대답들이 이어졌습니다. 그중에는 "아 외에게 밀어져"라는 답변도 있었습니다.

첫 번째 질문에서 "어느 쪽이든 상관없다"고 대답한 학생들조차 "함께 먹는 편이 좋다"고 말했습니다. 저는 그 학생들에게 "아까 말한 것과 다르네. 조금 전에는 가족이라도 함께 먹을 필요는 없다고 했잖니?"라고 추궁하자 잠시 생각하더니,

"아까는 자식 입장에서 생각했는데 부모님 입장에서 생각해 보니 가능하면 같이 먹고 싶을 거 같아요."

"맞아요. 제가 부모가 되면 어린 자식이 있을 테고, 그렇다면 같이 먹고 싶을 거예요."

"……하지만 자식이 고등학생 정도가 돼도 될 수 있는 한 같이 먹고 싶을 거 같아요."

이렇게 말하는 학생들도 있었습니다. 그리고 마침내는 "어쩌면 우리 부모님들도 그런 마음으로 같이 밥을 먹자는 게 아닐까요?"라고 자연스럽게 현재 생활을 뒤돌아보고, 부모의 시선으로 자식인 자신의 행동을 생각해 보는 학생들이 눈에 띄기도 합니다.

고등학생 정도의 나이엔 때에 따라 어른 관점에서 사고하기도 하고, 반대로 아이의 시선으로 사물을 보기도 합니다. 또한 반항만 하는 게 아니라 부모의 마음을 헤아릴 줄도 압니다.

특히 주제가 있는 수업에서는 학생들의 유연한 발상의 선환

이나 넓은 시야의 사고 전환을 쉽게 발견하게 됩니다.

"결국 함께 먹고 싶다는 생각이 드는가에 달려 있군"이라는 한 학생의 중얼거림이 이날 수업의 결론이었다고 해도 좋겠습니다.

식탁은 어떤 이에게는 위로와 건강을 위한 장소가 되지만, 또 누군가에게는 스트레스가 쌓이고 식욕을 앗아가는 장소가 됩니다. 식탁은 단순히 음식 섭취를 위한 공간만이 아니라 가족관계와 현실이 투영되는 장소이기도 합니다.

'가족의 식탁'을 주제로 한 수업은 어느새 '가족의 관계성'으로까지 이야기가 발전합니다. 개중에는 지금까지의 가족관계를 뛰어넘어 앞으로 펼쳐질 새로운 관계에 대한 희망의 빛을 찾고 있는 학생들도 있을 것입니다.

온 가족 식사 대접에 도전!

　1학년 여름방학 전까지 조리실습 시간을 만들 수 없는 해에는 방학 때 숙제를 냅니다. 저는 기술가정을 가르치면서 좀처럼 숙제를 내지 않지만 조리실습만은 예외입니다.

　"여름방학 동안 가족을 위해 직접 식사를 준비해 보세요. 각자 메뉴를 정해 재료도 스스로 준비해서 가능한 한 온 가족이 먹을 수 있도록 하세요. 그리고 가족들에게 감상을 들어보세요. 개학 후 첫 수업시간에 발표 시간을 갖겠습니다. 여러분, 성심껏 숙제에 임하세요. 가족에게 식사 접대가 여의치 않은 학생은 말씀해 주세요. 요리를 대접할 사람을 함께 생각해 봅시다."

학생들 중에는 가족과 만나기 힘들거나 시설에서 학교에 다니는 등 '가족을 위한 식사 만들기' 자체가 불가능한 경우가 있습니다. '가족'을 주제로 할 때는 다양한 여건의 학생들이 있다는 사실을 염두에 두고 수업을 구성하지만, 충분히 배려하고 있는지 언제나 염려됩니다. 그래서 이 과제가 곤란한 학생은 상담을 통해 좋은 방법을 함께 모색합니다.

개학 후 이 과제에 대한 발표가 있는 첫 수업은 저도 왠지 가슴이 두근거립니다. 사소한 염려는 노파심에 불과했음을 증명이라도 하듯 모두 열심히 숙제를 해옵니다.

제가 사회자가 되어 "언제 만들었나요?" "무엇을 만들었어요?" "누구와 먹었어요?" "왜 그 재료를 선택했지요?" "먹은 후의 감상은?" "만들어본 감상은?" 등 한 사람씩 물어보거나 때에 따라서는 구체적인 설명을 듣기 위해 차례차례 발표하게 합니다.

어느 남학생은 이렇게 발표했습니다.

"저는 8월 30일에 오므라이스를 만들어서 아버지, 어머니, 저 이렇게 셋이서 먹었습니다. 오므라이스를 선택한 이유는 간단해 보이기도 하고 그때 마침 오므라이스를 먹고 싶었기 때문입니다. 만들 때 소스는 있은 어머니께 끼그시기 였습니다. 그런데 양파를 썰 때 초반부터 눈물이 멈추지 않아 나머지는 대부분 어머니가 썰어주셨습니다. 토마토케첩을 뿌려 밥에 섞은 후 계란 프라이를 덮으면 완성되는데, 계란 프라이를 예쁘게 못 만들어 계란이 너덜너덜해졌습니다. 처음엔 아버지, 그 다음엔 어머니, 마지막으로 제 것을 만들었는데, 아버지에게 드릴 오므라이스는 형편없었습니다. 솔직히 오므라이스라기보다 케첩을 뿌린 달걀 볶음밥처럼 되고 말았습니다. 마지막에 만든 제 것이 그나마 가장 예쁘긴 해도 케첩 뿌린 밥은 완전히 식어버려서 매우 실망했습니다. 식사 후 아버지는 별 말씀 없으셨고 어머니는 맛있다고 하셨지만 저는 솔직히 맛이 없었습니다. 많이 싱거웠습니다. 어머니가 만들어주던 오므라이스가 10배는 더 맛있습니다. 다시 한 번 어머니의 위대함을 느꼈습니다.”

악전고투했을 그 모습이 떠오르자 저와 학생들은 폭소를 터뜨렸습니다. “양파를 잘게 써는 건 힘들지”“열심히 만들었는데 아버지 감상평이 없다니 너무 하셨다” 등의 맞장구와 원조 사격이 이어졌습니다. 이어서 여학생이 발표했습니다.

“7월 28일에 카레라이스를 만들었습니다. 어머니와 언니, 그리고 저 이렇게 셋이서 먹었습니다. 어머니는 맛있다고 하셨는데 언니는 어머니가 만들어준 카레가 더 맛있다고 했습니다.

카레라이스를 선택한 이유는 전에 만들어본 경험이 있고 간단하기 때문입니다. 그러나 재료 구입부터 전부 혼자 하려니 정말 힘들었습니다. 하지만 일을 마치고 집에 오신 어머니가 맛있는 밥상이 차려져 있는 것을 보니 매우 기쁘다고 하셔서 만든 보람을 느꼈습니다. 다음에는 조금 더 어려운 요리에 도전해 보고 싶습니다."

많은 학생이 같은 경험을 한 듯 발표가 끝나자 여기저기서 "잘했어!"라는 소리가 들렸습니다. 또한 요리를 잘하는지 여름 방학 중에 자주 요리에 도전해 보고 여러 요리를 만들었다는 학생들도 있었습니다. 그럴 때는 저와 학생들은 "대단하다"며 칭찬을 아끼지 않았습니다.

실패담이든 성공담이든 공감한다는 얘기들과 따뜻한 웃음이 퍼져 교실 분위기가 매우 밝아졌습니다. 발표하는 학생들의 표정에는 무언가를 해냈다는 희열감이 넘쳐 반짝반짝 빛나고 있었습니다.

이 숙제의 목적은 두 가지입니다. 첫째는 '누군가(가족)에게 무언가를 해주는' 체험입니다. 학생들에게는 요리를 비롯해 '받은' 경험은 많아도 남에게 '주는' 경험은 많이 부족하기 때문입니다.

대부분의 학생들에게 가족을 위한 요리는 처음 경험해 보는 일입니다. 경험 없는 사람 혼자서 메뉴 선정에서부터 시장보기, 요리까지의 과정, 나아가 누군가에게 대접한다는 것은 대단히 힘든 작업입니다. 그러나 식사 준비나 요리는(일상에서라면) 누가 됐든 당연히 해야 하는 것으로 전혀 특별한 행위가 아닙니다. 고등학교 1학년이라면 서서히 경험해 두는 것도 좋다고 생각했습니다.

둘째는 고등학생일지언정 가족 간의 일상생활에서 충분히 제 역할을 할 수 있음을 학생과 부모들이 느끼게 하기 위해서입니다. 고등학생이면 이제 부모가 무조건 뒤치다꺼리 해줘야 하는, 부모에게 종속된 자식이 아니라—부모와 대등한 위치까지는 아니어도—가족의 일원으로서 충분히 제 역할을 해낼 수 있습니다.

그렇게 가족 내에서 확실한 역할이 주어지고 그것을 해내려고 하면 책임감도 생깁니다. 성인으로서 한 발짝 내디딘 학생들에게 좋은 훈련이 될 것입니다. '겨우 집안일'이라고 우습게 볼 일이 아닙니다. 집안일은 실제로 사회에서 일어나는 다양한 규율과 연결되어 있습니다. 이를 일찌감치 의식할수록 보다 빨리 자립할 수 있습니다.

116

만약 이 숙제를 계기로 가족의 요리 당번으로 승격한다면 그 학생은 실로 많은 것을 배울 기회를 얻는 것입니다. 무엇을 할지 메뉴를 생각하고 장을 봅니다. 제철 재료가 싸고 맛있다는 것을 알게 됩니다. 또한 학교에서 배운 대로 제철 재료가 영양가도 높다는 지식이 머리에 남습니다. 한정된 예산 내에서 좋은 식재료를 구하려고 지혜를 짜냅니다. 경우에 따라서는 한 끼 식사분의 장보기라도 보따리가 커집니다. 지금까지 궂은 날씨에도 식사를 준비하고 필요한 생활용품이 떨어지지 않게 준비해 준 사람의 고생을 짐작하게 됩니다. 한여름에 불 앞에서 음식 만드는 고생도 실감합니다. 횟수를 거듭하다 보니 어느새 요리하면서 뒷정리까지 생각하게 됩니다. 이 정도면 제대로 한 몫 하는 거지요.

학생들이 요리 과제에서 보고 느끼는 점은 매우 많습니다. 가족의 일원으로서 할 수 있는 일을 꾸준히 맡아 하면 무서울 정도로 발전합니다. 동시에 주변 사람들과의 관계도 당연히 변하게 됩니다.

제가 제시한 여름방학 숙제는 '자립을 위한 준비(가족편)'입니다. 집안의 구체적인 가사노동을 통해 자립할 수 있는 준비

그리고 이 숙제를 계기로 온 가족의 식사 기회가 조금이라도 늘어났으면 하는 것이 저의 작은 소망이기도 합니다. 한솥밥을 먹는 기회가 늘어나면 가족의 얼굴 또한 지금까지와는 다르게 보일지도 모르기 때문입니다.

가족의 조건은 무엇인가

가족에 대해 다양한 각도에서 살펴보았습니다. 너무 가까워서 콕 집어내기 힘든 것이 '가족'이라는 주제지만, 다양한 각도에서 살펴보는 사이 학생들이 생각하는 가족의 이미지는 확실히 변해 갔습니다.

저는 시간이 되는 대로 '가족의 조건은 무엇일까?'라는 타이틀로 수업을 진행합니다. '가족이 함께 살기 위해 중요한 것이 무엇일까?'를 토론하는 수업입니다. 지금까지는 외부적 조건에서의 가족을 생각해 보았다면 이번에는 내부적 측면에서 가족을 묶는 '조건'에 대해 관찰해 보기 위해서입니다.

마무 해소 손세스 두 이 없으면 생활이 불가능하니까요 구보다는 서로를 배려하는 마음 아닐까요?" "역시 사랑이에요" 등 다양한 의견이 나왔습니다. 무엇을 중요하게 여기는지는 사람에 따라 다릅니다. 간혹 "조건이라고 하니까 왠지 거슬려요" "가족이란 논리적으로 설명할 수 없는 거라고 생각해요"라고 얘기하는 학생들도 있습니다.

그러나 학생들도 장차 자기 가족을 이룰 것이므로 조건에 대해 한 번쯤은 생각해 봐야 한다고 봅니다. 왜냐하면 가족을 이룬다는 것은 누군가와 공동으로 생활을 꾸려 나가고 의식주를 해결해 나가는 것이므로 자기만족으로 끝날 문제가 아니기 때문입니다.

학생들이 미래에 꾸릴 가족은 새로운 사람, 새로운 가치관과 부딪치는 현장이므로 자신과는 다른 다양한 사고방식을 접해 둘 필요가 있습니다. 일상적으로 '가족이니까'라고 말할 때는 '가족이란 이런 것이다!'라고 자기 마음대로 결론지은 가치관이 함축되어 있다고 볼 수 있습니다. 그로 인한 제멋대로의 말과 행동이 결과적으로 가족 붕괴로 이어지는 경우가 적지 않습니다.

저는 '랭킹'이라는 형식을 이용해 수업을 진행합니다. 이것은 학생 참가형의 수업으로 학생들을 그룹으로 나눠 토론하

방식입니다. 토론이 활성화되는 그룹과 이야기가 전혀 진행되지 않는 그룹으로 나뉘는 경우가 있습니다. 특히 갓 입학한 1학년은 서로를 잘 모르기 때문에 이러한 그룹 수업이 성공과 실패로 나뉘기 쉽지만 이것 또한 경험이지요. 그래서 가끔 '묵언 수행 하는 승려'처럼 입 다물고 있는 그룹이 있어도 저는 꼭 필요한 말만 거들고 과정을 지켜보기만 합니다. 하지만 그중 누군가 말을 시작하면 그것을 계기로 다음 화제로 이어져 수업이 끝날 무렵엔 그룹 대부분이 토론의 형태를 갖추게 됩니다.

그룹 학습을 계속한 덕분인지 아니면 자연스럽게 형성된 인간관계 때문인지 알 수 없지만 3학년생들의 이 수업은 대부분 매우 활기찹니다. 함께 지내온 시간이 길어 서로를 잘 알고 있어서 본심을 내보이기 쉬워서일 것입니다. 학생들이 솔직할수록 이 수업은 더욱 흥미진진해지고 나아가 의의가 더욱 깊어져 때로는 잊지 못할 경험이 되기도 합니다.

수업은 다음과 같은 요령으로 진행합니다.

❶ 3~5명이 그룹을 만들어 '가족이 함께 살기 위해 중요하다고 생각하는 것'을 가능한 한 많이 제출합니다. 적어도 아홉 가지 이상 생각해 냅니다. 이때 '부모자식 간의 사랑' '부부 간의 ○○' '가족애' 등 '사람'이 붙는 많은 ○○'입니다, '○○씨

랑' 식은 정의 내리기도 애매하고 사람에 따라 이해하는 의미가 다르기 때문입니다.

❷ 9개 이상의 '중요한 것'이 모이고 더 이상 생각나지 않으면 순위를 매깁니다. 모두가 생각하는 '중요한 것' 순으로 1위에서 9위까지 순위를 결정합니다. 이때 조건은 절대 다수결이 아니라 반드시 전원이 납득할 때까지 토론해서 결정하는 겁니다. 그런 후, 결정한 순서대로 표를 작성합니다.

〈표5〉 가족의 조건

〈표5〉는 완성된 랭킹의 한 예입니다. 여러분이 생각한 랭킹이나 조건과 비교해 보세요. 그룹마다 랭킹과 조건이 다릅니다. 그래서 시간이 허락하는 내에서 대표자가 그런 조건과 순위가 정해지기까지 어떤 토론이 오갔는지에 대해 설명합니다. 이 수업에서 가장 중요한 부분이 ❷번의 '서로 토론하기'이기 때문입니다. 예를 들어 '충분한 수입'이 1위라고 주장한 사람은 그룹원들에게 '가족의 건강'이나 '배려'보다 왜 그것이 중요한지를 납득시켜야 합니다. 따라서 구성원 간에 쉽게 의견이 일치되지 않을수록 깊이 있는 토론이 가능합니다.

사례에 '조심/배려' '사생활' '자유'라는 말이 보입니다. 가족의 조건을 생각하다 보면 은연중에 가족을 결속시키는 단어가 쉽게 나옵니다. 금지시키지 않으면 '사랑'이 붙는 말도 여러 번 등장합니다.

그런데 토론하는 동안 '가족 간에도 어느 정도 거리감이 필요한 게 아닐까?'라는 발상을 해내는 그룹이 나옵니다. 일단 그런 발상을 하면 대개 다른 구성원들도 동의합니다. '어느 정도의 거리감'이 1위나 2위가 되는 경우는 거의 없지만 '가족'을 유지시키는 데 필수불가결한 요소라는 것을 발견하게 됩니다.

'가족의 조건' 비교 수업을 계기로 다양한 랭킹이 완성됩니다다. 어느 것이 좋거나 나쁜 게 없이 전부가 정답입니다. 그러나 모든 랭킹에는 서로에 대한 '책임'이나 '자유'를 인정하는 말, 그리고 무엇보다도 '협력' 관계를 의미하는 단어가 포함되어 있습니다. 이것은 다른 각도에서 보면 가족 개개인의 '자유'의 문제라고 볼 수 있습니다.

〈표5〉를 통해서도 알 수 있듯이 생활적 자립, 정신적 자립, 경제적 자립, 성적 자립의 네 가지가 전제됨으로써 비로소 성립되는 가족의 조건이 많습니다.

수업 주제를 '가족'으로 하면 아무래도 지금 함께 사는 가족이나 일반적인 이미지의 '가족'을 생각합니다. 저는 학생들이 그러한 생각에서 한발 더 나아가 스스로 생각하는 '가족'의 이미지를 만들어갈 수 있었으면 합니다.

누군가와 함께 살고 싶은 마음이 모습으로 드러난 것이 '가족'이고, 자신은 그 일원으로서 무엇을 할 수 있는지를 생각하는 게 중요합니다. 나아가 맡은 바 책임을 다하는 한편 서로 간에 일정한 거리를 두는 것도 중요합니다. 그렇게 살면서도 '가족'이란 결코 절대적인 게 아니라 항상 변할 수 있는 대상입니다. 자기만의 '이상적인 가족 이미지'에 얽매여 다른 가족 형태를 받아들이기 힘들어하기보다 충분한 대화를 통해 가족의 형태를 바꾸는 게 나은 경우도 많습니다. 어떤 형태를 취하든, 지금의 구성원을 자기 '가족'이라고 긍정적으로 수용하는 것이 가장 바람직합니다.

"가족이 몇 명입니까? 누구와 누구입니까?"

이런 질문으로 '가족'에 관한 수업을 시작할 때도 있습니다. 그러면 저마다 "5명입니다. 아버지, 어머니, 할머니, 동생과 저입니다" "3명입니다. 어머니와 형과 저입니다"라는 식으로 대답합니다.

"저도 여러분처럼 고등학생 때는 '네, 5명입니다. 부모님과 할머니, 그리고 형과 저 이렇게 5명입니다'라고 대답했습니다. 그러나 지금은 가족이 몇 명이냐고 물으면 2명이라고 대답합니다. 저와 아내 두 사람입니다. 할머니는 오래 전에 돌아가셨지만 부모님은 지금도 건강하십니다. 형도 마찬가지입니다. 부모님은 여전히 소중한 '부모'이고 형도 '형'이라는 사실은 분명하지만 지금의 저에게 그들은 '가족'이 아닙니다. 만약 10년 전이라면 4인 가족으로 저와 아내, 2명의 아이들이라고 말했을 것입니다. 저는 그 후 이혼했기 때문에 그 당시 아내였던 사람도 아이들도 지금은 함께 살지 않습니다. 아이들은 이미 성인이 되었지만 세에는 빠지고 기친 '가시들'입니다. (뭐시반 위재 나의 '가족'은 아닙니다."

'가족'이란 변화하는 것이라고 생각한다면 지금 함께 사는 것 자체가 기적이라고 불릴 만한 대단히 소중한 시간입니다. 자신의 적극적인 행동으로 가족관계가 좋아져 일상이 행복해지는 경우도 있을 것입니다.

반대로 아무리 노력해도 관계가 향상되지 않는다면 그 원인을 정확하게 진단해 미래의 가족에게 적용시키면 됩니다. 그러므로 가족에게 중요한 요소는 '단결'과 '가족애' 같은 추상적인 개념이 아니라 일상에서 서로를 소중하게 여기는 마음이라고 할 수 있습니다. 〈표5〉에서 '대화 시간' '조심/배려' '사생활'이라는 단어로 설명된 부분입니다. '단결'과 '가족애'는 가족 개개인이 노력한 결과로 얻어진 포상 정도로 받아들이면 됩니다.

'이상적인 결혼 상대'로
알아보는 인간관계

　《인간과 가족을 배우다-기술가정 워크북》 중에 실린 '결혼 상대로 어떤 사람이 좋을까요?'라는 워크숍 형식의 수업은 학생들 반응이 매우 좋습니다. 결혼 상대에게 요구하는 조건을 생각해보는 데서 시작해 최종적으로는 학생들 각자 인간관계의 요구조건, 또 어떤 관계성을 구축하려는지를 알고자 함이 목적입니다.

　수업 초반에는 워크숍 목적을 명확히 밝히지 않은 채 '결혼 상대로 어떤 사람이 좋을까요?'를 탐색하는 것에서부터 시작합니다.

　결혼 상대를 구할 때 시신이 비싼 소신을 꼬꼬히게 어기능지를 게임 감각으로 찾아내기 때문에 학생들은 처음부터 적극적입니다.

워크숍은 원하는 조건별로 각자 입찰금액을 써내 최고금액을 쓴 사람에게 낙찰시키는 방식으로 진행합니다.

우선 결혼 상대에게 요구하는 조건들을 나열합니다. 'A 성격이 좋다 B 건강하다 C 수입이 많다 D 취미가 맞는다 E 집안일을 잘한다 F 외모와 스타일이 좋다 G 장래성이 있다 H 내 생각을 이해해 준다 I 나를 소중하게 여긴다 J 외동이나 장남이 아니다 K 가족과 잘 지낸다 L 아이들을 좋아한다' 등의 조건 중에서 각자 중요하다고 생각하는 것을 원하는 만큼 신택합니다. 이 조건 외에도 추가하고 싶은 항목이 있으면 미리 추가해 둡니다.

그리고 합계가 100달러가 되도록 원하는 조건에 입찰카드를 작성합니다. 한 사례를 보면 〈표6〉과 같이 됩니다. 그리고 남녀 따로 준비해 둔 투표함에 입찰카드를 넣습니다. 입찰이 끝나면 항목마다 상자를 열어 인원수를 조사하고, 누가 얼마를 써냈는지 금액이 낮은 쪽부터 읽어주고 가장 많은 금액을 써내 그 항목을 낙찰받은 사람을 발표합니다.

<表6> 결혼 상대를 생각하다

아리모토 양의 입찰카드			
A 성격 30달러	B 건강 30달러	H 내 생각을 이해해 준다 20달러	J 외동이나 장남이 아니다 20달러

기노시타 양의 입찰카드		
A 성격 40달러	D 취미 30달러	L 아이들을 좋아한다 30달러

다니우에 양의 입찰카드		
B 건강 30달러	C 수입 30달러	F 외모와 스타일 40달러

《인간과 가족을 배우다-기술가정 워크북》 중 '결혼 상대로 어떤 사람이 좋을까요?'를 토대로 작성

- 아리모토 양 A 성격이 좋다-30달러 B 건강하다-30달러 H 내 생각을 이해해 준다-20달러 J 외동이나 장남이 아니다-20달러

- 기노시타 양 A 성격이 좋다-40달러 D 취미가 맞는다-30달러 L 아이들을 좋아한다-30달러

- 다니우에 양 B 건강하다-30달러 C 수입이 많다 30달

러 F외모와 스타일이 좋다-40달러

한 학급의 개표 사례입니다.

"'성격이 좋다'라는 조건에는 여자 20명 중 17명이 투표했습니다. 이것은 남녀 모두 항상 투표율이 높은 조건이지만 입찰 금액은 사람에 따라 많이 다릅니다. 이 반은 어떨까요? 가토 5달러, 무라타 10달러, 아오키 15달러. 최고금액은 야마우에의 80달러입니다. 따라서 '성격이 좋은 사람' 항목은 야마우에에게 낙찰되었습니다. 야마우에 양, 축하합니다!"

"남자는 여자와 달리 '집안일을 잘한다'가 많습니다. 남자 18명 중 8명이 투표했습니다. 오오에 2달러, 가와니시 15달러, 기요이에 15달러. 최고금액은 오카사키의 45달러입니다. 따라서 '집안일을 잘하는 사람'은 오카사키에게 낙찰되었습니다. 오카사키 군, 축하합니다!"

개표할 때는 이 조건에 입찰한 모든 사람의 이름과 입찰액을 얘기합니다. 그리고 그 조건에 투표한 인원수와 최고금액으로 낙찰받은 사람의 이름 및 금액을 칠판에 기입합니다.

그리고 시간이 남으면 낙찰받은 사람에게 기쁨의 소감과 함께, 왜 그 조건에 그렇게 높은 금액을 적었는지 인터뷰합니다.

고등학생들에게 이성 친구는 몰라도 결혼 상대로서의 구체적인 조건에 대한 얘기는 일상생활에서 거론할 기회가 거의 없습니다. 더욱이 반 친구라 해도 평소 그다지 이야기를 나누지 않는 아이들도 많습니다. 결혼 상대에 대한 각자의 요구조건들은 이런 수업이 아니고서는 들을 기회가 그다지 많지 않습니다.

상자를 열어 입찰카드에 적힌 이름과 금액을 순서대로 발표할 때는 소름이 돋을 정도로 정적이 감돕니다. 모두가 흥미진진하게 결과를 기다리고 있는 것입니다.

워크북에는 수업 목표로 다음과 같은 내용이 실려 있습니다.

목표 ─ 이성 친구에게 강한 관심을 가진 고등학생도 결혼에 대해서는 아직 막연한 꿈을 꾸고 있을 뿐이다. 자신은 일생의 파트너가 될 사람에게 어떤 것을 기대하고 있을까? 기대 사항이 다른 사람들과 비슷할까? 다를까? 남성은 일반적으로 여성에게 무엇을 기대하고, 여성은 남성에게 무엇을 기대하고 있을까? 이런 내용을 배움으로써 인생 파트너 선택은 인생에 대한 가치관과 관련된 중요한 문제임을 깨닫는다.

그리고 다른 사람과 자신의 결과를 비교해 보고, 이미 있던 조건과 인기 없던 조건의 이유를 생각해 보며 반 전원이 토론하며 리포트를 쓰는 전개가 예시되어 있습니다.

이러한 전형적인 워크숍에 좀 더 내용을 덧붙여 결혼 상대나 대인관계에서 본인들이 주목하는 요건 분석에도 활용할 수 있습니다. 각 조건을 잘 살펴보면 크게 두 가지로 나눌 수 있습니다.

조건을 '브랜드 지향'과 '관계 지향' 두 종류로 나누고, 어느 쪽에 어느 정도 비율의 금액을 걸었는지를 분석합니다. 이를 통해 타인과의 관계를 구축할 때 상대의 어떤 면에 중점을 두고 보는 경향이 있는지를 알아볼 수 있습니다.

'브랜드 지향'에는 'B 건강하다 C 수입이 좋다 E 집안일을 잘한다 F 외모와 스타일이 좋다 G 장래성이 있다 J 외동이나 장남이 아니다'가 있습니다. 브랜드 지향 조건들은 결혼 상대의 객관적인 상황으로, 얼마든지 상대를 바꿀 수도 있다는 속성이 있습니다. 다시 말해 브랜드 지향의 사람은 '루이뷔통이 안 되면 구찌로 한다'는 식으로 상대를 비교적 간단하게 바꿀 수 있습니다. 조금 실리적이고 이해타산적인 면이 있지만 대단히 현실적인 사고방식이라 할 수 있겠습니다. 이것이 '브랜드 지향'입니다.

'관계 지향'에는 'A 성격이 좋다 D 취미가 맞는다 H 내 생각을 이해해 준다 I 나를 소중하게 여긴다 K 가족과 잘 지낸다 L 아이들을 좋아한다'가 있습니다. 관계 지향조건들은 모두 자신과 상대방의 성격과 감각, 가치관이 일치하는지의 여부를 묻는 내용들입니다. '서로의 관계성'에 중점을 두고 있기 때문에 '관계 지향'이라고 이름을 붙였습니다.

물론 'A 성격이 좋다'가 객관적인 조건으로 생각될 수도 있지만 실제로는 그렇지 않습니다. 나에게 '좋은 사람'이 다른 사람에게는 '싫은 사람'일 수도 있습니다. 즉 자신이 '좋다'고 생각하는 사람은 나와 성격이 맞는, 가치관이 비슷해 통하는 사람입니다. 마찬가지로 '가족과 잘 지낸다' '아이들을 좋아한다'라는 것도 내 가족을 소중하게 생각하고 아이를 좋아하는 나를 수용해 주는 사람이 좋다는 것입니다.

'관계 지향' 조건을 만족시키는지, 즉 상대와 잘 지낼 수 있는지의 여부를 확인하는 데는 상당한 시간과 노력이 필요합니다. 한번 깊게 인연을 맺으면 상대를 쉽게 바꾸기 어렵습니다. 그래서 멋진 관계를 맺는 경우가 있다면, 수렁에서 헤어나오지 못하는 힘든 관계가 되는 경우도 있습니다. 이것이 '관계 지향'입니다.

이 분석방법으로 아리모토, 기노시타, 다니우에의 입찰카드를 수치화 하면 다음과 같은 결과가 나옵니다.

- 아리모토 양 브랜드 지향-50퍼센트, 관계 지향-50퍼센트
- 기노시타 양 관계 지향-100퍼센트
- 다니우에 양 브랜드 지향-100퍼센트

이런 지향 분석 얘기를 하면 활기를 띠던 학생들 표정이 조금 심각해집니다.

"나는 브랜드 지향 70퍼센트, 야호."

"나는 관계 지향 80퍼센트다!"

"나는 반반이네. 너는?"

"관계 지향 100퍼센트야."

"어머, 대단하다! 좋겠다."

브랜드 지향과 관계 지향 중 어느 쪽이 좋거나 나쁘다고 이야기할 수는 없습니다. 또한 이 수치는 각자 처한 상황에 따라 크게 변하는 것이므로 결과를 그다지 심각하게 받아들일 필요가 없습니다. 단지 자신에 대해 지금까지 생각지 못한 각도에서 관심을 가져보는 소재로 삼아볼 만합니다

실제로 '결혼 상대에게 요구하는 조건'이라는 전제가 있긴 해도 이 결과로 자신이 인간관계에서 무엇을 중요하게 여기고자 하는지를 알 수 있습니다. 그것은 바로 자신이 어떤 사람인가를 인식하는 것이기도 합니다.

우리는 다른 사람에 대해서는 이러니저러니 평가하거나 비난하지만 자신의 일거수일투족이 상대에게 어떻게 보이는지에 대해서는 그다지 관심이 없습니다.

예를 들어 아리모토는 브랜드와 관계를 반씩 중시하는, 나름대로 균형 잡힌 사람이라고 생각할 수 있습니다. 그래서 결혼 상대에게도 동일한 균형감각을 요구하는 것입니다.

가령, 아리모토가 관계 지향 100퍼센트의 기노시타나 브랜드 지향 100퍼센트의 다니우에와 관계를 만들어 가려면 먼저 상대와 일치하는 부분을 중심으로 시작하면 됩니다. 물론 이것은 아리모토 입장에서 생각한 경우입니다. 아리모토에 대한 상대방 요구조건에 대해서는 전혀 고려하지 않았습니다. 50퍼센트가 일치한다는 것은 나머지 50퍼센트는 맞지 않는 부분이 있다는 의미이므로 그 부분에 질려 관계가 맺어지지 않을 가능성도 있습니다.

히원, 관계 시냉 100퍼센트의 기기시타에와 브랜드 시앙 100

퍼센트의 다니우에는 정반대의 경향을 갖고 있습니다. 친구는 물론이고 연인이나 결혼 상대로서 좋은 관계를 유지해 나가는 데 웬만큼의 고민 없이는 불가능할 것입니다. 그러나 정반대이기 때문에 자신에게 없는 가치와 장점에 매력을 느껴 관계가 오래 지속될 가능성도 있습니다.

브랜드 지향이나 관계 지향은 인간관계 구축방법의 근본과도 관계 있습니다. 하지만 현실적으로 많은 사람들이 자신과 상대방의 경향을 생각해 본 경험조차 없습니다. 그로 인해 아무리 해도 소용없는 사람에게 자신의 조건을 강요하거나, 자신의 가치관을 굽혀 가면서까지 상대방 요구조건에 맞추려는 등의 부조화가 일어납니다. 보다 바람직한 인간관계는 자신을 알고 상대를 아는 것에서부터 시작됩니다.

수업이 끝날 무렵, 결혼 상대에게 요구하는 각각의 조건 아래에 남녀별 투표수, 낙찰자의 이름, 낙찰금액이 표기된 일람표를 가리키며 다음과 같이 말합니다.

"인기가 높은 조건, 인기 없는 조건, 높은 금액으로 낙찰된 조건, 반대인 조건 등 다양합니다. 여러분 자신도 모르게 인기 높은 조건이나 높은 금액이 붙은 조건에 주목해 '그래, 역시 인기가 있으려면 성격과 수입이 좋아야 해' '얼굴이나 스타일도 꽤 중요한데?'라고 생각할지 모르지만 주목해야 할 것은 따로 있습니다. 지금 이 반의 40명 정도가 요구하는 조건이 이렇듯 제각각이라는 점입니다. 만일 전 세계 사람들에게 이 워크숍을 실행한다면 더더욱 다를 것입니다. '100명과 결혼하겠다'는 목표를 세웠다면 모르지만 대부분 결혼 상대는 한 사람으로 충분하다고 여길 것입니다. 자신에게 맞는 멋진 사람이 이 세상 어딘가에는 분명히 존재할 것입니다. 이 워크숍은 그것을 가르치기 위한 수업입니다. 세상의 유행이나 인기에 억지로 자신을 맞출 게 아니라 자기 그대로를 소중하게 여기는 것이 결국 자신을 가장 빛나게 하는 방법 아닐까요? 그리고 그 매력을 진심으로 이해해 주는 사람이 세상에 1명만 존재한다면 그것으로 충분합니다."

자신감이 없고 전반적인 인간관계에 소극적이기 쉬운 학생들에게 자신감을 불어넣어 주기 위해 언제나 이런 코멘트를 덧붙입니다.

인간관계를 '인기 있다' '인기 없다' '맞다' '맞지 않다' 등 표면적인 것으로 단순하게 단정짓는 것은 매우 안타까운 일입니다. 맞는 부분이나 맞지 않는 부분에도 그 사람 특유의 매력이 숨어 있는 것입니다. 그리고 거기에 서서 마주서신입니다.

3장

자립 수업 3

사회 속에서 살아가기

일한다는 것에 대해

고등학교 3학년생이라면 누구나 자신의 장래에 관해 구체적으로 생각하기 시작합니다. 대학에 진학할 것인지 아니면 취직할 것인지, 자신이 되고 싶거나 하고 싶은 것을 염두에 두고 준비 과정에 들어갑니다.

어떤 과정을 거치든 결국 생활을 스스로 지탱하게 해주는 '직업'을 찾아야만 합니다. 앞에서도 서술했듯이 '경제적 자립'은 사회인으로서 생활을 꾸려 나가는 데 반드시 필요한 요소입니다. 또한 열심히 일해서 벌어들인 돈의 사용방법을 아는 것도 마찬가지로 중요합니다.

3장에서는 사회 속에서 일하는 '이'에게 경제적 자립이 왜 중요한지, 노동의 의미와 함께 돈 문제에 관해서도 살펴보고자 합니다.

많은 학교에서 기술가정은 주로 1, 2학년 때 배우게 됩니다. 저도 주로 1학년 학생들에게 일하는 의미를 생각해 보는 수업을 합니다. 그런데 고등학교에 막 입학한 학생들에게는 '일을 해서 경제적으로 자립한다'는 의미가 아직 피부에 와닿지 않는 것 같습니다. 물론 '노동의 어려움과 중요함'을 이해하지 못하는 건 아니므로 언젠가는 스스로 일해서 살아가야 한다는 의식은 있는 듯합니다.

다만 학생들 대부분이 '노동'을 '일하는 것 = 돈을 버는 것 = 자립'이라는 도식으로 받아들인다는 점은 문제 있어 보입니다. 원래 '자립'이란 그 정도로 단순하고 가벼운 의미의 개념이 아닙니다.

그래서 이번 장에서는 돈과 자립의 관계를 '노동'으로 생각해 보고자 합니다. 학생들이 기존에 알고 있는 개념을 뛰어넘어 '일하는 것'의 의미를 보다 깊이 이해시키기 위해 다음과 같은 질문으로 수업을 시작합니다.

노동의 진정한 의미를 곱씹다

학생들에게 장래에 일할 것인지를 물으면 대부분은 그러겠다고 대답합니다(예전에는 '아니요, 전 나중에 전업주부가 될 거니까 일은 하지 않을 거예요'라고 대답하는 학생들이 있었는데 요즘에는 그런 학생이 거의 없습니다). 그래서 "그러면 무엇을 위해 일할 건가요?"라고 질문합니다.

"먹고살기 위해서요" "돈을 벌기 위해서요" "생활을 위해서요" 등과 같은 대답이 돌아왔습니다. "그 외에 일하는 이유는 없나요?"라고 묻자, 당혹스러운 표정을 짓는 학생도 있습니다.

'먹고사는 것 외에 다른 이유가 있을까'라고 생각하는 것이 ~~있어서. 시서 간 배생이 깨지기 좋요. 생가이 머유 란다는 뉴~~

자신 있게 발표합니다.

"선생님, 성취감 때문에 일하는 사람도 있잖아요."

"사는 보람을 위해 일하는 사람도 있고요."

"그렇지요. 좋은 의견을 말해 주었어요. 일에 대한 성취감과 보람을 느낄 수 있다면 매우 멋진 일이고, 정말 운이 좋다고 말할 수 있습니다. 자신이 하는 일에 성취감과 보람을 느끼지 못해 힘들어하는 사람들도 많이 있으니까요. 그런데 그 외에 일하는 이유는 없을까요?"

학생들은 '그 이상 뭐가 있다는 거지? 모르겠는데?'라는 표정들입니다. 한 가지 힌트를 주겠다며 제가 고등학생 때 들었던 수업을 이야기했습니다.

"제가 고등학생 때, 수업 주제는 잊었지만 선생님이 지금과 같은 질문을 하셨죠. '인간은 무엇 때문에 일을 하지?'라고 말이에요. 그때 선생님이 지명한 학생이 '돈을 벌기 위해서요'라고 대답하자 교실 여기저기서 야유가 터져나왔죠. 결국 '뭐라고? 겨우 그런 이유로?' '에라이, 한심한 놈!' 등 비난의 말과 함께 큰 소동이 일어났지요. 발표한 학생도 괜한 말을 했다는 표정으로 머리를 긁적이며 자리에 앉았어요. 그 다음 나온 답들이 조금 전 여러분도 했던 '성취감을 위해' '사는 보람을 위해'라는 말들이었어요. 하지만 수업이 끝날 무렵 일하는 이유에 대해 말해 보라는 질문에 가장 많은 답변은 돈도 보람도 아니었어요. 그렇다면 여기서 문제! 선생님의 고등학생 시절 '인간은 무엇을 위해 일하는가?'라는 질문에 가장 많았던 답은 무엇이었을까요?"

학생들은 골똘히 생각하기 시작했습니다. "이미 30년 전의 일이니 여러분의 생각과는 조금 다를 수도 있어요"라고 말하는 동안 정답이 불쑥 나오는 경우도 있습니다.

독자 여러분은 아시겠습니까? 답은 '사회를 위해서'입니다. 달리 말하면 '일하는 것은 인간으로서의 의무이니까'입니다.

학생들은 의외라는 얼굴로 쳐다보거나 "무슨 뜻이에요?"라고 묻기도 합니다. 학생들에게 일이란 지극히 개인적인 사안으로, '자기 생활을 위해 일한다'는 논리는 쉽게 받아들여지지만 '사회를 위해 일한다'는 논리는 좀처럼 납득할 수 없다는 표정입니다.

실제로 당시 고등학생들이 그와 같은 생각을 얼마나 갖고 있었는지는 알 수 없습니다. 그러나 저희 반에서는 그랬습니다. 그렇다면 왜 그와 같은 대답을 했을까요?

30여 년 전 고등에새이었던 우리는 씨씨 부모가 실제로 아래 있었습니다. 그 점에서는 지금의 고등학생들과 별반 다르지 않습니다. 그러나 가정이나 학교를 포함해 사회 전반의 '노동'에 대한 인식은 지금과는 매우 달랐던 게 분명합니다. 당시에는 '사회를 위해서'나 '노동은 인간으로서의 당연한 의무'라는 생각이 매우 일반적이었습니다.

이것은 전쟁에서 살아 남은 사람들의 노동관이었다고 생각합니다. 전쟁에 패하며 많은 사람들이 죽고 폭격으로 산과 들이 불타버린 곳에서 살아 남은 한 사람 한 사람이 열심히 일해 국가를 재건했다는 자부심이 아마도 그런 노동관으로 이어졌을 것입니다. 우리 세대는 부모님한테 '노동의 귀천은 없다' '무슨 일이든 똑같이 존중하라'는 말을 자주 들었습니다. 당시 고등학생들의 노동관은 사실 그런 부모 세대의 생각을 그대로 이어받은 것입니다.

우리 부모 세대는 사회란 모두의 노동이 있어야 비로소 성립되는 것, 노동이 가능한 모든 사람이 성실히 참여해 상부상조해야 성립되는 것이라고 생각했습니다. 생활에 필요한 모든 것, 음식이나 옷도 동료가 만든 것이고, 많은 사람들의 손을 거쳐 자신에게 돌아온 것들이었습니다. 아무리 돈이 많아도 만든 사람이 없으면, 그리고 그것을 운반하고 파는 사람이 없으면 우리는 무엇 하나 손에 넣을 수 없습니다.

즉, 노동현장에서 각자 자기 역할을 성실히 수행함으로써 사회가 성립되고 개개인의 생활도 풍요로워집니다. 이렇게 노동은 대가로 얻는 수입뿐 아니라 노동 그 자체만으로도 가치가 있는 일이었습니다. 이 말은 이해는 해도 금세 잊어버리기 쉽습니다.

우리 부모님들은 '긍지와 기쁨을 갖고 일하는 사람들에 대해 감사의 마음을 갖도록 해라'라는 말을 귀가 따갑도록 하셨습니다. 밥그릇에 밥풀 한 톨이라도 남아 있으면 '농부가 땀 흘려 일한 고생을 생각해라'고 혼이 났습니다. 그만큼 개인의 생활과 사회의 관계가 '노동'을 통해 단단하게 연결되어 있었습니다.

그런데 요즘은 '노동은 일의 대가로 수입을 얻는 개인적인 행위' '일을 하든 말든 그건 기본적으로 본인이 책임질 일이다'라는 개념이 완전히 사회통념이 된 느낌입니다. 하지만 국민의 생활 격차가 극심하게 벌어진 현실이 모두 어떻게 각 개인의 책임일 수 있습니까?

실제로 집안의 경제사정이 어렵거나 안정적인 직장에 취직하고 싶어도 비정규직 일자리밖에 없는 상황이 되었을 때, 이 모~가 사속사 사신의 핀밧으로 지끄께 비비는 더깨F이 있습니다. 하지만 오로지 당사자들의 잘못이라고만 할 수 없습니다. '노동이 사회에 대한 개인의 의무'라면 '개개인에게 맞는 일거리를 준비하는 것이 사회의 책임'입니다. 이렇게 열악한 노동환경이 계속되는 것을 보면(특히 젊은이들의 심각한 취직난을 보면) 누군가가 '사회의 책임'을 교묘하게 숨기려는 의도에서 '노동은 개인적인 행위'라고 홍보하는 것이 아닌가 하는 의심이 들 정도입니다.

여기까지 이야기를 듣더니 패스트푸드에서 아르바이트를 하는 학생이 이런 말을 했습니다.

"선생님, 저는 그냥 아르바이트생이지만 손님을 위해 노력하고 있어요. 제가 이 일을 만족스러워한다면 제 일도 사회를 위한 일이 되는 건가요? 아, 물론 아르바이트비는 제 용돈으로 쓰고 있지만요."

그러자 또 다른 학생이 의견을 냈습니다.

"저는 편의점에서 상품 진열하는 아르바이트를 하고 있는데 아버지가 회사에서 감원 당해서인지 저나 가족을 위해서지 사회를 위해서 일하는 건 아닌 것 같아요."

학생들뿐만 아니라 실제로 사회에서 일하는 사람들도 노동은 생계 유지 수단이거나 욕망을 채우기 위한 것일 뿐 노동 자체가 사회에 대한 공헌의 일부라고는 인식하지 않고 있습니다. 어디까지나 이익 창출을 위한 수단이므로 결국 자신을 위해서라는 명분일 뿐입니다.

사회규모가 상상할 수 없을 정도로 확대되면서 노동현장과 노동의 형태가 세분화됨으로써 자신의 직업이 사회에서 어떤 역할을 담당하는지 보이지 않게 된 것도 한 원인입니다. 그렇지만 노동자들의 세금과 의료보험료, 연금 등이 이 사회의 시스템을 지탱하는 재원이라는 사실, 노동이 사회를 떠받치고 있는 현실, 그리고 개개인의 노동력 없이는 사회가 성립되지 않는다는 현실을 구체적으로 상상하면서 노동의 진정한 의미를 이해할 필요가 있습니다. 또한 자기가 하는 일의 '사회적 역할'을 인식하면서 일할 수 있다면 비록 '사는 보람'으로까지는 이어지지 않는다 해도 적어도 '일하는 보람'은 가져다 줄 것입니다.

사회성을 갖추어야 인간이다

생물과 사회 수업에서 학생들은 '인간은 집단생활을 영위하는 동물'이라고 배웁니다. 동물세계에 빗대어 말하자면 '무리'를 지어 생활한다는 뜻입니다. 무리를 짓는 동물에는 원숭이와 코끼리, 돌고래 등 다양한 동물이 있습니다. 그들은 무리를 지어 먹이를 찾고 서로 협력해 외부 적으로부터 신변을 보호하고 보금자리를 확보합니다. 각각의 역할이 정해져 있는 무리도 있습니다. 만약 그들 중 한 마리라도 전체가 아닌 자신만의 이익을 추구하려는 개체가 있다면 어떻게 될까요? 아마도 무리는 성립되지 않을 것입니다. 오히려 그들은 무리 지어 살았기 때문에 생존할 수 있었습니다. 그렇다면 앞으로 '전면'외 상황도 충분히 일어날 수 있겠지요.

인간의 생활도 마찬가지입니다. 아니, 인간의 경우는 다른 동물보다 훨씬 중요합니다. 역할을 분담하고 혼자서는 불가능한 일을 서로 보완함으로써 지금의 생활이 성립되는 것입니다.

'피차일반'이라는 말이 있습니다. 노동과 사회 그리고 인간 본연의 모습을 고려했을 때, 앞으로는 '피차일반'의 마음을 갖는 것이 더욱 중요해질 것으로 보입니다.

현대 사회에서 일어나는 문제 중에는 '피차일반'의 마음만 있으면 해결될 것들이 많습니다. 대표적인 예가 전쟁입니다.

경제적인 측면에서도 많은 기업과 개인들이 '기업' 혹은 '개인의 성공'이란 생각으로 이익을 추구하는 경우가 있습니다. 경제의 세계화에 맞춰 사고 또한 세계적인 규모가 되어야지 '나만 이득을 보면 돼'라는 생각은 고리타분한 발상입니다. 경제는 순환되어야 발전합니다. 한정된 자원을 유효하게 활용하고 풍요로운 생활을 유지하기 위해서는 지구촌 개개인의 생활에 여유가 있어야 합니다. 가난한 나라, 여유가 없는 나라가 늘어날수록 환경을 고려하며 살고 싶어도 그럴 수 없는 사람들이 늘어날 것입니다. 우리는 이제 지구촌을 이루는 일원임을 자각

모는 상황이 될 수 있습니다.

'피차일반'을 달리 생각하면 '자립'을 의미합니다. '피차일반'이란 스스로 가능한 것은 스스로 하고, 불가능한 것은 서로 협력해서 돕는다는 자세로 사람들과 더불어 살아가는 태도입니다. 이것이야말로 '자립해 살아간다'는 의미입니다.

현대 사회의 노동 문제를 '피차일반' 관점에서 살펴보겠습니다. 교과서에 따르면 '노동'은 유상의 '직업 노동'과 무상의 '가사 노동'으로 분류됩니다. 거기에 별도로 '자원봉사 노동'이 더해지는 경우도 있습니다. 하지만 '집단 사회를 이루는 우리를 지탱해 주기 위한 행위를 노동'이라고 생각한다면 직업 노동이든 가사 노동이든 자원봉사 노동이든 모두가 중요할 뿐 어떤 우열도 존재하지 않습니다. '모두가 서로 사회를 지탱하고 있는' 현실이 있을 뿐입니다.

오히려 앞으로의 문제는 경제상황 탓에 노동 의욕과 사회에 공헌하고 싶은 마음이 있어도 사회가 활용할 곳을 준비하지 못한다는 점일 것입니다. 무리 사회의 능력이 최대한 발휘되려면 구성원이 갖고 있는 힘을 최대한 발휘할 수 있는 환경과 장소를 사회가 구비해 놓아야 합니다.

무리를 짓는 동물인 인간은 노동을 통해 사회에 참여하고 공헌할 수 있다고 느낀다면 안심하고 살 수 있습니다. 사회 평화나 안정에도 상당히 도움이 될 것입니다. 요즘 사회는 '무리에서 밀려 나온 감각인 고립감'이 원인인 범죄가 느는 것처럼 보이지 않습니까?

즉, '피차일반'이라는 관계가 성립되기 위해서는 모든 구성원이 무리에 참여해 있거나 참여할 수 있을 때이며 '자립' 또한 사회 참여라는 개념으로 받아들일 필요가 있다는 것입니다. 현대 사회에는 '노동'을 둘러싼 문제가 매우 많습니다. 그중 대부분은 '노동의 고립화'나 '개인적인 측면에서의 노동'식으로, 노동문제를 현대적 감각으로만 다룬다는 인식이 강합니다. 물론 해결책이 간단히 생길 거라고는 생각지 않습니다만, 개개인이 노동의 의미를 한 번 더 재고함으로써 '피차일반'의 마음으로 주변 사람들과의 관계를 만들어 간다면 시간이 걸리더라도 일하기 쉬운 노동환경, 살기 좋은 생활환경으로 바꿔 나갈 수 있을 것입니다.

요즘 젊은이들을 중심으로 금전적인 이익보다는 풍요로운 인간관계에 중점을 두고 물건을 생산하거나 영업하는 이들이 조금씩 늘고 있습니다. 제가 가르친 제자들 중에 많은 학생들이 '피차일반'의 마음가짐으로 노동시장에 진출해야 한다고 대합니다.

이렇게 노동은 일용할 양식과 개인의 욕망을 충족시키기 위해서뿐 아니라 풍요로운 사회를 만들기 위해서도 필요한 것입니다. 현재의 노동 상황에서는 그다지 실감나지 않는 얘기지만요. 그와 동시에 누구에게나 쾌적한 사회가 되려면 서로 도와야 한다는 것, 그러기 위해서는 '피차일반'의 마음가짐을 갖는 것이 중요합니다. 물론 현실적으로는 그처럼 단순하게 풀리지는 않을 것입니다. 하지만 자립한 개인이 사회 속에서 가능한 것부터 상부상조한다면 살기 좋은 곳이 되는 것은 틀림없는 사실입니다.

이제 돈의 사용법을 알아야 할 때

노동으로 번 돈을 어떻게 사용할지도 중요한 사안입니다. 우리가 낸 세금은 다양한 형태로 다시 우리에게 환원되는데, 이 돈이 어떻게 쓰이고 있는지 잘 알고 있어야 합니다. 어쨌든 돈은 한평생 필요하기 때문입니다. 돈을 사용하는 데는 연령제한도 면허도 필요 없습니다. 따라서 사용방법이 잘못되면 신세를 망치기도 합니다. 그러므로 정신 바짝 차리고 돈의 사용법을 배워야 합니다. 돈 버는 방법뿐 아니라 사용법도 잘 알아야 비로소 경제적 자립이 가능하다고 얘기할 수 있습니다.

고등학교 기술가정 시간에는 소비자로서 자립하기 위한 소비생활과 소비생활 관리 및 해외에 대해서 공부합니다

저 역시 '소비자 문제'에 대해 가르치는데, 그중에서도 저는 '악덕 상술'에 주안점을 두고 있습니다. 제 자신이 악덕 상술의 피해자로서 경험이 있기 때문입니다.

영문학과에 입학한 대학교 1학년 때였습니다. 입학 후 가장 놀랐던 것은 같은 1학년인데도 친구들의 회화 실력이 유창하다는 점이었습니다(지금 생각해 보면 모든 학생들이 유창했던 것은 아닌데 갓 입학한 저로서는 주변을 냉정하게 관찰할 여유가 없었습니다). 몇 사람에게 물어보니 고등학교 때 외국인 강사의 수업을 들었거나 이전부터 영어회화 학원을 다녔다고 합니다. 공립 고등학교에서 일본인 선생님에게 문법 위주의 영어수업을 받아 영어회화가 유창하지 못했던 저는 입학 초부터 상당한 콤플렉스를 갖게 되었습니다.

그러던 어느 날 하숙집으로 한 통의 전화가 걸려왔습니다. 상대방은 마치 저의 콤플렉스를 알고 있기나 하는 것처럼 말했습니다.

"영어회화를 손쉽게 마스터할 수 있는 뛰어난 교재가 있어요. 오셔서 이야기만 들어도 괜찮습니다."

저는 주저 없이 알려준 장소로 나갔습니다. 나도 이제 영어회화를 잘할 수 있다는 생각에 무슨 짓이든 할 수 있을 것 같은 기분이었습니다.

　약속한 찻집은 인테리어가 화려한 가게로, 찻값도 상당히 비싸서 가난한 학생인 저는 자리에 앉기도 전에 불안한 마음이 들었습니다. 저를 기다리던 사람은 저보다 연상으로 보이는 인상 좋은 여성이었습니다. 그녀는 안절부절 못하는 저를 앞에 두고 만면에 미소를 띠며 물 흐르듯이 상품과 효과에 대해서 설명했습니다. 연상의 여성과 단 둘이 이야기하는 것에 익숙지 않았던 저는 좀 흥분해 있었습니다. 그래도 역시 30만 엔이나 하는 교재는 비싸다는 생각에 “비싸서 안 되겠어요”라고 즉석에서 거절했습니다. 그녀는 “매월 5,000엔씩 나눠서 내면 돼요”라며 물고늘어졌습니다. 정신을 차렸을 때 저는 이미 계약서에 사인을 하고 있었습니다.

　계약하고 일주일이 지났을 무렵입니다. 그녀를 만난 후 시간도 흘러 상당히 안정을 되찾았던 저는 ‘역시 해약해야겠어’라고 생각했습니다. 그때 하숙집에 커다란 종이상자 세 개가 배달되었습니다. 상자 안에는 교재가 빽빽하게 들어 있었습니다. 종이상자 한 개도 상당히 무거워 ‘이걸 어떻게 반품하지?’라는 생각에 그 자리에서 그만 포기해 버렸습니다. 그 당시는 택배에 없었기 때문입니다. 그래서 하는 수 없이 그 교재로 공부하기 시작했는데—당연한 일이지만—생각처럼 진도가 나가지 않았습니다. 뿐만 아니라 할부금도 스스로 지불하지 못해 결국 부모님에게 울면서 매달리게 되었습니다. 비참한 심정이었습니다. 희망하는 대학에 들어가 하숙집에서 혼자 살기 시작하면서 마음만은 어른이 되었다고 생각했는데 한순간 달콤한 말에 넘어가 빚까지 짊어지게 되었기 때문입니다.

갓 취직 후 일하기 시작할 무렵, 그 영어 교재 회사가 악덕 상술로 적발된 사건을 알게 되었습니다. 충격과 함께 속았다는 사실을 좀처럼 믿을 수 없어 그 사실을 받아들이기까지 꽤 시간이 걸렸습니다.

보도에 의하면 '15만 엔 정도의 상품을 30만 엔에 판매하며 판매원은 한 건당 5만 엔의 수수료를 받았다'는 것이었습니다.

그 여성은 저에게 친절했던 것이 아니라 '멍청한 학생을 속이면 받을 수 있는 5만 엔'의 성공보수 때문에 방긋방긋 웃었던 것입니다. 거기에 생각이 미치자 분하고 한심했습니다. 공부하려고 챙겨두었던 영어 교재를 바로 버렸습니다.

수업시간에 이 이야기를 들려주자 학생들은 악덕 상술의 손길이 자신에게도 뻗어올 수 있는 문제임을 인식했습니다. 수업

후 '매우 똑똑한(그렇게 보이는) 선생님도 속을 수 있다'고 감상을 쓴 학생도 있었습니다. 아무리 똑똑해 보여도 사람은 속아 넘어갈 수 있습니다.

반성도 할 겸 냉정하게 생각해 본 결과 저에게 속을 만한 이유가 있다는 것을 깨달았습니다. 바로 영어회화에 대한 '콤플렉스' 때문이었습니다.

영어회화에 대한 콤플렉스가 없었다면 판촉 전화에도 관심 없다며 바로 거절했을 것입니다.

저는 계약 전에 누구와도 상담하지 않았습니다. 제가 콤플렉스를 갖고 있다는 사실을 친구들에게 알리고 싶지 않았던 것입니다. 대학 신입생이지만 수다쟁이 친구들도 있으니까요. 그래서 판매원이 전화한 사실도, 계약한 사실도 이야기하지 않았습니다. 혼자 몰래 공부해서 회화 실력을 늘리려고 했기 때문입니다.

그러나 만약 누군가와 상담했더라면 "터무니 없이 비싸네. 그 정도 교재는 15만 엔 정도면 살 수 있어"라든지 "차라리 내가 다니는 회화 학원에 같이 다니자. 그게 더 싸고 같이 다니면 오래 다닐 수 있잖아"와 같은 조언을 들을 수도 있었을 테고,

스로 가질 수 있었을 것입니다.

인상 좋은 여성의 권유와 익숙지 않은 화려한 찻집이 계약에 미친 영향은 지금 생각해 봐도 그다지 크지 않은 듯합니다. 그보다 사인하게 만든 결정적 요인은 저의 콤플렉스에 '지금뿐' '한정' '특혜' 같은 말로 교묘하게 이익을 보는 것 같은 느낌을 심어주었기 때문입니다. 그때는 '오직 당신에게만'과 같은 말은 안 했지만 그런 말도 소비자 심리를 교묘하게 자극하는 말이라는 것을 기억해 두십시오.

험악한 세상에 속지 않는
현명한 소비자의 소양을 갖춰라

　캐치 세일즈(길거리에서 '설문에 답해 주시면……'과 같은 방식으로 접근해서 상품이나 서비스를 계약하게 만든다), 모니터 상술('모니터 모집'이라는 말로 유혹해 상품이나 서비스를 강매한다), 어포인트먼트 세일즈('경품이 당첨되었다'는 말로 불러내 상품이나 서비스를 계약하게 한다), 네가티브 옵션(주문하지 않은 상품을 일방적으로 배송해 대금을 수금한다), 피라미드 상술(처음 판매해 보는 사람에게 판매행위를 시켜 회원이나 구매자를 늘리면 큰 이익을 얻을 수 있다고 말해 상품 등을 대량으로 사들이게 한다) 등과 같은 악덕 상술의 뒷면에는 '콤플렉스'나 '자신만 득을 보면 된다' '남보다 더 벌고 싶다'는 심리를 이용해 속이는 수 법이 깔니 있습니다.

반대로 텔레비전이나 매스컴을 이용해 불특정 다수에게 홍보할 경우에는 '당신만'이 아니라 '누구나'가 대상이 됩니다. 당연히 많은 사람들로부터 검열을 받아 부당한 짓을 하기가 어렵습니다. 물론 그래도 속는 사람들은 있습니다.

하지만 악덕 상술의 경우에는 반드시 1대 1, 혹은 소수의 인원을 대상으로 끈질기게 권합니다. 어느 정도 인원수를 모아서 행동할 때는 감금에 가까운 상태를 만들어 돌아가고 싶어도 못 나가게 막습니다. 양쪽 다 거절하기 어려운 상황을 만들기 위해서입니다. 저도 그랬지만 '비싸서 포기해야지' '이건 지나치게 좋은 조건인데……'라고 판단하는 걸 어렵게 만드는 것입니다.

어떤 경우에도 냉정한 판단을 내릴 수 있다면 악덕 상술에 속는 일은 없을 것입니다. 세상에 오로지 자신만 이익을 볼 수 있는 일은 없다는 것, 그리고 콤플렉스는 돈으로 해결할 수 없다는 걸 명심해야 합니다.

'이것을 먹으면 극적으로 살이 빠진다' '이것으로 남자(여자)의 인기를 얻을 수 있다' '소원이 반드시 이뤄진다'는 광고에 속아 엉터리 물건을 강매 당한 학생들도 있었습니다. 또 살 빠지는 약으로 믿고 고기의 보조식품을 복용해 목숨을 잃은 사림도 있습니다. 인터넷상의 악덕 상술에 대해서도 주의를 기울일 필요가 있습니다.

'현명한 소비자'라는 말을 '물건을 조금이라도 싸게 사는 능력 있는 사람' '물건을 살 때 능숙하게 이익을 얻는 사람' 등의 의미로 사용하는 경우가 있습니다. 그러나 우리에게 필요한 것은 '좋은 물건을 싸게 파니까 모두에게 알립시다' '가격은 조금 비싸도 제대로 만들어 올바르게 파는 곳을 이용합시다'와 같은 자세가 아닐까 합니다. 저는 이것을 '피차일반의 시점'이라고 이름을 붙였습니다. 이런 마음이라면 일상생활 속에 악덕 상술이 스며들 틈이 없을 것 같습니다. 콤플렉스도 자신이 고민하는 만큼 다른 사람들은 신경 쓰지 않습니다. 제 영어회화 콤플렉스도 교재 사건이 해결된 다음 혼자서 나름대로 공부하는 사이에 사라져버렸습니다.

'소비 행동은 곧 투표 행동이다'라는 말이 있습니다. 국회의원과 시장을 뽑을 때나 학교 학생회장을 뽑을 때도 우리는 '투표'라는 형식을 취합니다. 물론 많은 표를 얻은 사람이 당선되고 그 자리에 취임합니다. 일정 이상의 표를 모으지 못하면 '낙선'합니다. 시장에서 거래되는 상품도 어떤 의미에서는 전부 소비자 투표에 이겨 살아 남은 상품들이라는 얘기입니다.

생산자는 시장에서 팔릴 물건을 만듭니다. 팔리지 않으면 만들지 않습니다. 소비자가 제대로 된 '투표' 행위를 한다면 세상에는 좋은 상품만 남게 될 것입니다. 달리 말해 현재 시중에 모조품이 나돌고 건강과 환경에 해로운 상품이 존재하는 것도 그것을 원하고 구매하는 사람들이 있기 때문입니다.

한 사람 한 사람이 자신의 이익과 욕망을 중심으로 생각할 것이 아니라 전체 사회를 조금만 고려한다면 만드는 사람도 변할 수밖에 없습니다. 거듭 강조하지만 저는 '피차일반'의 정신이 열쇠라고 확신합니다. 기술가정 수업은 자신뿐만 아니라 이웃과 사회 전체를 생각하는 계기를 일깨워주는 과목입니다.

고등학교 시절 기술가정 과목을 공부할 기회가 있었다면 어쩌면 악덕업자의 봉이 되는 일은 없었을 것입니다. 그런 의미에서 일부러 저의 수치스러운 실패담을 이야기하는 것입니다. 그 이야기로 학생들이 같은 실패를 반복하지 않았으면 합니다. 여러분도 이 기회에 자신의 소비 행위를 진지하게 되돌아보면 악덕 상술이 스며들 틈을 미연에 방지할 수 있을 것입니다.

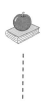

스스로 돈을 번다는 것

　여러분은 아르바이트를 하고 있습니까? 무엇을 위해서 하고 있습니까? 용돈을 벌기 위해서입니까? 아니면 옷이나 화장품 같이 사고 싶은 물건이 있어서입니까? 학비나 생활비 때문에 일하는 사람도 있나요? 어떤 아르바이트를 하고 있습니까?

　한 조사에 의하면 고등학생에게 인기 있는 아르바이트 1위가 패스트푸드나 카페 점원, 2위가 상품 분류나 포장 등의 가벼운 작업, 그 다음은 편의점 점원이라고 합니다. 학생들에게 물어보면 치과의 접수원, 슈퍼마켓의 계산원, 중국 음식점의 조리원 등 꽤 다양한 일들을 하고 있습니다.

　그리고 돈을 번다는 것은 어떤 느낌입니까? 무척 머디 기립했다는 기분이 들거나 어른이 되었다는 느낌이 듭니까? 여러분에게 일을 한다는 것은 어떤 의미입니까?

아르바이트를 하는 이유는 사람마다 다를 것입니다. 교칙으로 금지된 학교도 많아 누구나 할 수 있는 것은 아닙니다. 또한 학교에서 금지하지 않아도 미성년자가 아르바이트를 하려면 (법률의 표현을 빌리자면 노동계약의 체결) 기본적으로 친권자, 즉 부모의 동의가 필요합니다. 일하기까지 몇 개의 장애물이 있는 것은 미성년자의 권리를 보호하기 위해 만들어 놓은 것입니다.

고등학생의 아르바이트에 대해 '학생의 본분은 공부입니다. 아르바이트 따위로 중요한 시간을 소비하고 본분인 공부를 소홀히 하는 것은 잘못입니다. 꼭 해야만 하는 사정이 없는 한 아르바이트는 하면 안 됩니다'라는 의견이 있는 반면, '실제 사회에서의 노동은 학교에서 얻을 수 없는 귀중한 경험이 됩니다. 돈 버는 일에 대한 고충과 책임의 중대사도 실감할 수 있습니다. 오히려 실제 사회에 나가 직업을 선택하기 전에 아르바이트로 노동의 의미를 체득해 보는 경험도 좋습니다'라는 의견도 있습니다. 양쪽 모두 틀리지 않습니다.

고등학생이 학교생활과 아르바이트를 양립한다면 어느 쪽이 우선사항인지 숙지하고 있어야 합니다. 학교생활보다 아르바이트를 우선시하는 학생이 있었습니다. 아르바이트는 지각도 결석도 하지 않고 감기 기운이 있어도 쉬지 않고 열심히 하는데 학교생활은 정반대였습니다. 게다가 수업 중에는 졸기까지 했습니다. 도중에 이러지도 저러지도 못한 그 학생은 결국 고등학교를 포기해 버렸습니다. 한편 아르바이트를 하면서도 학교생활을 우선시 하는 학생은 지각이나 결석도 없이 수업도 열심히 듣고 시험기간 중에는 아르바이트를 쉬기도 했습니다.

두 학생의 본질적인 차이는 무엇일까요? 아르바이트를 우선시하는 학생은 '돈벌이'가 아르바이트하는 목적이 되어 있는 반면 학교생활을 우선시 하는 학생은 무엇을 위해 일하는지, 즉 '아르바이트비 사용처'가 매우 분명할 것입니다. 바꿔 말하면 전자는 '아르바이트비를 어디에 사용했는지 기억이 없는 사람, 즉 아무 생각 없이 돈을 쓴 사람'이고, 후자는 무엇에 사용했는지 기억하고 있는 사람이라고 해도 좋겠지요. 고등학생이 아르바이트할 때 이 차이를 인식하는 것은 매우 중요합니다.

돈에 휘둘리지 않는
생활력을 갖춰라

자동차나 오토바이는 면허를 취득해야 비로소 운전할 수 있습니다. 학원에 등록하는 것도 면허를 취득할 수 있는 연령에 도달해야만 가능합니다.

그 후, 학과와 실기를 배우고 시험에 합격해야 면허를 취득할 수 있습니다. 실제로 자동차나 오토바이의 핸들을 쥐기까지는 상당한 공부와 연습이 필요합니다.

그러나 돈을 쓰는 데는 면허도 나이 제한도 없습니다. 돈만 있으면 됩니다. 뿐만 아니라 부족하면 빌릴 수도 있습니다. 실제 변제할 방법도 없으면서 대출을 반복해서 '대출지옥'에 빠지는 사람이나 '개인파산'이라는 궁지에 몰린 사람도 많습니다.

생활을 풍요롭게 만들기 위해 사용하려던 돈이 어느새 생활 자체를 유지할 수 없게 만들어버리는 것입니다. 돈에 인생을 지배당하는 상황이라고 해도 과언이 아닙니다. 이처럼 돈에는 매력도 있지만 마력도 있습니다.

그런데 청춘의 귀중한 시간을 할애해 번 돈을 도대체 무엇에 사용하고 있는지 학생들에게 물어보았습니다.

"대학에 가고 싶어서 학비를 모으고 있어요."

"아버지가 회사에서 구조조정 당하시고 어머니 혼자 부업을 하는 것만으로는 생활이 어려워 가계에 보탬이 되려고요."

불황의 영향도 있을 것입니다. 최근에는 '생활을 위해' '학비에 보태려고'라는 이유로 아르바이트하는 학생들이 늘고 있습니다. 이런 이유는 누구도 트집 잡을 수 없습니다. 목적도 사용처도 확실하기 때문입니다.

그런데 "아르바이트비요? 전부 제가 써요. 부모님이 주시는 용돈도 당연히 받아요. 그래도 항상 부족해요"라고 말하는 학생도 있습니다.

"선생님, 생각해 보세요. 휴대전화 요금도 적지 않고, 게다가 옷이나 화장품도 스스로 벌어서 사니까 칭찬 받아야 하는 거 아니에요?"라고 누군가 말하자 부아 스끈 듯 만나는 데도 기출이 꽤 많아요"라고 마치 사회인처럼 얘기하는 학생도 있습니다. 꼬리에 꼬리를 물고 만들어지는 유행이나 상품을 좇으려면 아무리 돈을 벌어도 부족할 것입니다.

'내가 번 돈인데 어디에 쓰든 내 맘 아닌가요?'라고 생각하는 사람도 많을 것입니다. 하지만 식비와 주거비 등 생활에 필요한 기본적인 지출에 대한 뒷바라지는 도대체 누가 하는 건가요? 기본적인 생활비는 다른 누군가가 부담하고 자기가 번 돈이라고 버는 대로 다 쓰는 게 자유라고 생각하는 것은 잘못입니다.

게다가 그런 생활을 계속하다 보면 금전감각이 마비됩니다. 경제적 자립 측면에서 볼 때, 가령 표면적으로는 보이지 않아도 자기 생활비 전체를 정확하게 파악해 수입과 지출의 균형에 두루 신경 써야 합니다. 그렇지 않으면 자립이라 할 수 없습니다.

지금 우리의 현실은 학창시절의 아르바이트는 차치하고 정사원으로서의 고용이 대단히 어려운 상황입니다. 비정규직 고용만 늘 뿐 자립된 생활이 가능한 수입을 얻고 싶어도 도통 일자리가 없는 실정입니다. 이는 한 개인의 노력으로 감당할 수 있는 문제가 아닙니다.

이러한 실정에 대해 세계의 젊은이들처럼 "일을 하고 싶다!"

"정부는 노동권을 보장하라!"고 화를 내도 좋습니다. 하지만 그와 병행해 돈에 휘둘리지 않는 생활력도 반드시 체득했으면 합니다.

어떻게 돈을 대할 것인가

　수업 중에 돈의 사용법과 소비자로서의 책임 있는 행동을 강조하는 이유는 돈이 생활을 윤택하게 하는 한편 마음을 파괴하는 존재로서 사회에 미치는 영향도 크다는 사실을 분명히 이해했으면 하는 바람에서입니다.

　그런 의미에서 '아르바이트비'의 시시비비를 따지기에 앞서 어떻게 돈을 대할 것인가 하는 축을 만들 필요가 있습니다. 축이란 한마디로 수입과 지출의 균형을 맞추는 것입니다.

　여러분은 각자 집안의 경제사정이 어떻게 돌아가고 있는지 알고 있습니까? 아버지의, 또는 어머니의 가계부를 한 번이라도 본 적이 있나요? 아직 못 봤다면 꼭 보여달라고 하십시오.

특히 급여명세서는 충분히 볼 가치가 있습니다.

급여명세서의 지급총액을 보면 수입이 많은 것처럼 보이지만 그것에서 세금과 사회보험료 등이 빠져나가므로 수중으로 들어오는 금액은 훨씬 줄어듭니다. 게다가 생활 유지에 필요한 수도요금, 가스요금, 전기요금과 같은 공과금도 매달 빠져나갑니다. 여러분 학비도 그렇고, 가정에 따라서는 임대료와 주택 대출금도 있을 것입니다. 자동차를 갖고 있다면 유지비가 들 것이고, 식구 모두 휴대폰을 갖고 있으면 휴대폰비도 상당할 것입니다.

수입과 지출을 알아가다 보면 학생들 표정에 자연스럽게 긴장감이 나타납니다. 더욱 재미있는 사실은 "선생님, 세금이 꽤 되네요" "요양보험이란 건 대충 알겠는데 소비세라는 건 도대체 어디에 쓰는 거예요?"라고 자기 집안의 경제활동뿐만 아니라 더 큰 규모의 국가 재정에 관해서도 관심을 갖기 시작합니다. 스스로 일해서 번 돈을 무엇에 사용할지 궁리할 때처럼 세금이 어떻게 쓰이고 있는지에 관해서도 관심이 생깁니다. 경제적인 자립이란 끝까지 파고들다 보면 이러한 자세까지도 포함된다는 사실을 알아가게 되는 겁니다.

노동자의 권리를 잘 알아 둘 것

이제 돈을 대하는 방법을 상당히 습득했으리라 봅니다. 그러면 아르바이트를 금전적인 측면이 아니라 노동 측면에서 살펴보겠습니다. 아르바이트라고 해도 일하겠다는 계약을 체결한 이상 노동자의 일원이 됩니다. 노동자는 노동을 제공하고 임금을 받습니다. 그러므로 규칙을 준수하고 성실하게 일할 의무가 있습니다.

한편 노동자는 근로기준법을 비롯한 노동법에 의해서 보호받습니다. 아르바이트생도 물론 노동자로서의 권리가 있습니다. 예를 들어, 아르바이트도 6개월 이상 성실하게 근무했다면 연차 유급휴가(쉬어도 임금을 지급받는 휴가)를 받을 수 있는 권리가 있습니다.

'성실하게 근무하면'의 의미는 정해진 근무시간의 80퍼센트 이상 근무했다는 뜻으로 아마 대부분의 사람이 이에 해당될 겁니다.

그러나 실제로 아르바이트 하며 유급휴가를 받는 사람은 드물 겁니다. 아마 아르바이트도 유급휴가를 받을 수 있다는 사실조차 모르는 사람들이 많을 것입니다.

아르바이트 등 비정규직 노동자에게 주어지는 연차 유급휴가 일수는 〈표7〉과 같이 정해져 있습니다(일수란 1년간 며칠을 유급으로 쉴 수 있는지의 의미입니다). 즉, 일주일에 하루밖에 일하지 않는 경우에도 6개월 이상 성실하게 근무했다면 다음 연도에는 하루의 유급휴가를 얻을 수 있습니다. 일주일에 4일 근무한다면 6개월이 지나면 유급휴가는 7일분이 됩니다. 몸 상태가 좋지 않을 때 안심하고 쉴 수 있다는 사실은 큰 도움이 됩니다. 금액으로 환산하면 다음과 같습니다. 시급 800엔에 하루 5시간 일하는 사람이라면 4,000엔×7일이므로 28,000엔이 됩니다. 아르바이트생에게는 상당히 큰 금액입니다.

일주일에 30시간 이상 일하는 사람은 정사원과 같은 일수의 휴가를 받을 수 있습니다. 6개월이 지나면 10일, 이후 1년마다

주당 근로일수	연간 근로일수	연속 근무연수						
		6개월	1년 6개월	2년 6개월	3년 6개월	4년 6개월	5년 6개월	6년 6개월 이상
4일	169~216일	7일	8일	9일	10일	12일	13일	15일
3일	121~168일	5일	6일	6일	8일	9일	10일	11일
2일	73~120일	3일	4일	4일	5일	6일	6일	7일
1일	48~72일	1일	2일	2일	2일	3일	3일	3일

〈표7〉 주당 근로시간(1일 8시간×6일)이 30시간 미만의 노동자에게 부여되는 연차 유급휴가 일수

하루씩 늘어나 최고 20일까지 됩니다. 이 밖에 1년 이상 지속적으로 일하는 경우에는 노동자의 희망에 따라 가능한 한 계약 기간을 길게 연장하도록 노력해야 한다든지, 1년 이상의 고용 기간에 일주일에 20시간 이상 근무하는 경우에는 고용보험이 적용된다든지, 근무 중에 당한 상해나 질병은 산업재해보험이 적용되는 등 노동법으로 여러 가지 규칙이 정해져 있습니다.

하지만 실상은 아르바이트도 권리가 있다는 사실조차 제대로 알지 못하는 경우가 대부분입니다. 그러면 권리를 침해 당

해도 깨닫지 못하거나 분쟁이 일어나도 어쩔 수 없이 참아야 하는 억울한 경우가 발생합니다. 권리만 주장하는 것도 곤란하지만 권리에 대해 전혀 모르는 것도 참으로 무서운 일입니다.

지방자치단체에서는 상담 창구를 마련해 놓고 있습니다. 만약의 경우나 근무 중 궁금한 것이 생겼을 때 혼자 혹은 보호자와 함께 상담 받으러 가는 것도 자신의 일할 권리를 지키기 위해서는 필요합니다. 쉽게 포기할 게 아니라 해결을 위해 노력하는 것이 매우 중요합니다.

워크 라이프 밸런스,
일과 생활의 균형이 중요한 시대가 온다

비정규직 노동자는 물론 정규직도 노동자로서의 권리를 충분히 보호받고 있다고는 얘기할 수 없는 상황입니다. 정규직임에도 연차 유급휴가를 거의 써본 적이 없다는 사람도 많습니다. 휴가는 고사하고 야근해도 수당이 없는 서비스 야근과 휴일의 서비스 출근, 일주일 단위로 노동시간을 법률로 규제하고 있음에도 이를 초과해 일하거나, 아무 과실이 없는데도 갑자기 해고통지를 받는 등 사회에서는 법으로 금지되어 있는 일이 빈번하게 일어나고 있는 게 현실입니다.

그러한 노동환경이 원인이 되어 발생하는 사태가 '과로사'나 인원감축 등을 비관한 '자살'입니다.

학생들에게 '과로사'가 무엇이냐고 물어보면 대부분 "일을 너무 많이 해서 죽는 것이오" 혹은 "일이 원인이 되어 죽는 것이오"라고 대답합니다. 동시에 "우리 아버지도 위험할지 몰라요"라는 발언이 이어지고 "우리 집도"라며 여기저기서 동조의 목소리가 들려옵니다. "우리 집은 부모가 한 명뿐인데 어쩌지?"라며 풀죽은 소리가 들릴 때도 있습니다.

과로사가 영어로 무엇이냐고 물으면 골똘히 생각에 잠겨 쉽게 답이 나오지 않습니다.

"오버 워크?"

"하지만 그건 지나치게 일하다라는 의미밖에 안 되잖아."

"그럼, 무슨 다이인가?"

학생들은 여러 가지로 생각해 봅니다.

답은 KAROSHI('과로사過勞死'의 일본어 발음-옮긴이)입니다. 일본 고유문화와 일본 발상의 것, 예를 들어 '스시'나 '덴푸라' '기모노' '가라오케' 등이 이전부터 국제적으로 일본어 그대로 통용됐듯이 'KAROSHI'도 국제적으로 일본 고유의 현상으로 인정받고 있는 것입니다. 실로 불명예스러운 일이 아닐 수 없습니다.

도대체 왜, 죽을 정도로 일까지 깁까요?

과로사가 국제어가 되기 전, 일본 과로사 연구가가 국제회의에서 다른 나라의 과로사 대책에 대해 질문하자 오히려 이것저것 질문을 받아서 곤란했다는 경험담을 신문에서 읽은 기억이 있습니다.

"왜 죽을 때까지 일을 하는 것인가?" "일본에는 유급휴가 제도가 없나?" "피곤하면 쉬면 될 게 아닌가?" 등등 쏟아지는 질문은 사실 그 학자가 생각해도 지당한 것들뿐이었다고 합니다.

노동의 최대 목적이 임금을 받아 행복하게 사는 것인데 일하는 것이 죽음과 연결되면 무슨 의미가 있겠습니까.

노동자들은 권리 사용에 좀 더 적극적으로 행동하는 게 좋지 않을까요? 유급휴가를 얻어서 기분전환을 하거나 심신이 지쳤다면 쉬어야 합니다. 그러는 편이 일의 능률이나 동기를 높일 수 있습니다. 그런데 많은 직장에서는 그렇게 할 수 없는 분위기가 아직도 남아 있습니다.

과로사에는 뇌·심장 질환과 같은 질병에 의한 것, 그리고 과로로 인한 자살 등 두 종류가 있습니다. 뇌·심장 질환에 의한 과로사는 과로가 생명과 연관된 신체적 증상으로 나타난 결과이고, 자살은 정신적 증상으로 나타난 결과입니다. 즉 과로는 인간의 신체 또는 정신을 갉아먹고 정상적인 상태로 유지함

수 없게 만드는 것입니다. 물론 그 이면에는 과로사까지 이르지 않았지만 중증 장애를 입고 있는 사람, 그 정도까지는 아니어도 사회 복귀가 곤란한 상황에 있는 사람들이 과로사한 사람의 몇 배, 몇십 배에 달합니다.

과로사를 인정받기 위해서는 몇 가지 준비가 필요한데 가장 중요한 것은 야근시간의 양입니다. 보건복지부가 발표한 자료를 보면 과로사한 사람 중에는 1개월에 100~140시간 이상 야근한 사람도 있었습니다. 노동시간의 기준은 1일 8시간으로 토요일과 일요일을 쉰다면 일주일에 40시간이 되는데, 그런 식으로 계산하면 1개월의 노동시간이 160~180시간 정도가 됩니다. 그것에 더해 100~140시간의 야근은 한 회사에서 풀타임으로 일을 마친 다음 휴일도 없이 다른 회사의 일을 다시 풀타임으로 하는 것과 거의 맞먹는 상태입니다.

이들의 하루 수면시간과 휴식시간은 도대체 얼마나 됐을까요? 일상의 즐거움도 없이 일만 하고 세월을 보내는 생활은 주객이 전도된 것입니다. 거듭 강조하지만, 우리는 생활을 위해 일하는 것이지 일하기 위해 사는 것이 아닙니다.

최근 몇 년간 일본에서 450~490건 정도의 과로사 인정 청구가 들어 190~220건 신노사 인정받았는데나 개발누사상해서도 과로사하는 사람들이 상당히 많은 것 같습니다만, 선진국이라는 나라에서 과로사가 이토록 많은 것은 대단히 드문 일입니다. 이를 두고 근로기준법이 지켜지지 않고 있다는 명백한 증거라고 말하는 사람도 있습니다.

이렇듯 과로사와 노동이 원인으로 건강을 해치는 사람들이 많은 반면, 일할 의욕이 있어도 일자리가 없어 실업자 신세로 보내는 사람들도 많습니다. 한 나라에 일을 지나치게 끌어안고 있는 사람과 일하고 싶어도 일이 없는 사람, 과로사와 실업자가 동거하고 있는 꼴입니다.

과로사나 실업은 사회비용 측면에서도 대단히 비용이 높다는 분석 결과가 있습니다. 과로사 배경에는 반드시 '여유 없는 노동환경'이 있습니다. 대부분의 사람들이 여유 없이 일하고 있기 때문인데, 그런 환경이 많은 환자를 낳고 결과적으로 의료비를 인상시킵니다. 또한 실업자가 많으면 생활 보호를 비롯한 실업대책에도 많은 비용이 듭니다. 여기에는 거액의 세금이 투입되고, 그 세금은 바로 노동자의 납세로 충당되는 것입니다. 과로사와 실업자가 늘어나는 사회란 그만큼 비용을 충당하기 위해 일하는 사람이 안 해도 될 일을 더 해야 하는 사회라는 뜻이고, 그런 상황은 과로사를 더욱 부추기는 구조라고밖에는 달리 설명할 길이 없습니다. 악순환인 것입니다.

즉 과로사하는 사람들이 지나치게 많이 끌어안고 있던 일을 실업자에게 돌리면 과로사를 막는 동시에 실업대책도 되며, 결국에는 세금도 절약되는 것입니다. 앞에서도 기술했지만 '일한다는 것은 피차일반의 마음가짐이다' '노동이란 사회참여다'라는 의식을 고취한다면 과로사나 실업자가 크게 줄어들 것입니다.

그러려면 한 사람 한 사람이 '무엇을 위해 일하는가'라는 명제를 곰곰이 생각하고 노동과 생활의 균형을 잘 유지할 필요가 있습니다. 그것이 요즘 자주 거론되는 '워크 라이프 밸런스(Work-Life-Balance)'입니다. '개개인의 수입과 지출의 균형을 잘 조정하자'는 식의 좁은 사고방식으로는 앞으로도 안심하고 살아갈 수 있는 사회가 될 수 없습니다.

'워크 라이프 밸런스'의 바탕에는 '각 개인이 사회의 일원으로서 역할을 다할 수 있는 사회를 만들어가자'는 공통 인식이 필요합니다. 그래서 가령 1년에 하루뿐이라 해도 아르바이트도 유급휴가를 이용할 수 있는 사회를 만들어가는 것이 중요합니다. 현재는 바로 실행되지 않더라도 다음 세대를 이어가는 여기부요 반드시 여두에 누었으면 하는 서시입니다

노후 준비는 아직 이르다고?

65세 이상의 인구 비율이 총인구의 7퍼센트 이상인 사회를 '고령화 사회', 14퍼센트 이상인 사회를 '고령사회'라고 합니다. 일본은 1994년에 이미 '고령사회'가 되었습니다. 그리고 2007년에는 21퍼센트가 넘어―정식 명칭은 아니지만―'초고령사회'라는 인류 역사상 일찍이 유례를 찾아보기 힘든 고령자 비율이 높은 사회로 돌입했습니다. 그런 세대와 함께 사는 여러분은 이런 사회 변화를 좀처럼 실감하지 못할 것입니다.

최근에는 고등학생들도 '고령자가 되었을 때 제대로 연금을 받을 수 있을까?'라고 문제를 제기하는 학생들이 상당수 있습니다. 20세가 되면 연금의 피보험자가 되어 보험료의 납부 의무가 발생합니다. 한편 자신에게는 노년이 언제 올지 모르는 먼 미래의 일로 여기는 것도 자연스러운 생각입니다. 저 역시 젊었을 때는 40대, 하물며 50대가 되리라고는 상상조차 못했습니다.

기술가정 시간에는 '고령자'를 주제삼아 수업을 합니다. 수업은 자주《백세왕》이라는 사진집을 실마리로 활용합니다. 수업 초반부에 "오늘은 여러분에게 보여주려고 사진집을 가져왔어요"라고 하면 대부분은 "어떤 사진집이오?"라며 흥미를 보입니다. "《백세왕》이라는, 100세 이상의 사람들을 100명 모아 놓은 사진집이에요."

제가 사진집을 교탁에 올리면 "에이, 그게 뭐예요? 그런 거 별로 안 보고 싶은데요"라고 실망하는 학생들도 있습니다. 그래도 호기심이 발동한 몇 명은 "선생님, 빨리 보여주세요!"라고 채근합니다.

"이 책은 사진작가 오노 아쓰이치 씨가 찍은 작품집입니다. 저는 작가가 사진 속 모델들과 비슷한 연배의 상당히 연세 많으신 분일 거라고 생각했습니다. 이름에서 오는 느낌도 있지만 보통 젊은 사람은 고령자를 찍지 않을 것으로 생각한 겁니다.

30세 정도였습니다. 의외였죠. 젊은이가 나이든 사람에게 흥미를 갖다니 유별난 사람이라고 생각했습니다. 동기가 궁금해 해설을 보자 이런 문구가 있더군요. 일 때문에 추정 연령 7,200년이라는 죠몬 삼나무(세계자연유산에 등재된 야쿠시마에서 자생하는 거목 삼나무) 촬영차 야쿠시마에 갔을 때, 영수를 누리는 생명체만이 갖는 진동과 같은 어떤 힘을 느꼈습니다. 인간도 100세 이상의 노인들은 이런 힘을 갖고 있는 게 아닐까 하는 생각에 100세 이상인 분들을 찍기 시작했습니다. 오노 씨와 같은 시선으로 사진집을 보자 사람들 모두 도저히 100세로는 보이지 않을 정도로 생기가 넘치는 표정에 놀라웠습니다. 마치 몸속에서 오라와 같은 무언가가 나오는 기색이었습니다.

여러분에게 보여드리기 전에 특히 제가 마음에 두고 있는 두 사람을 소개하겠습니다. 한 사람은 도쿄 시부야에서 일주일에 네 번 진료하는 오오타 씨라는 의사입니다. 70세부터 15년간 유조선의 의사로 전 세계를 항해했다고 합니다. 100세가 넘어서도 현역으로 활동하고 있다는 건 이 선생님에게 진료를 받고 싶어하는 환자가 많기 때문일 겁니다. 도쿄 시부야는 도심이어서 다른 의사들도 많을 텐데도 오오타 선생님을 좋아하는 환자들이 그만큼 많다는 얘기겠지요.

또 한 사람은 히메교우노스케 극단의 조명담당으로, 1년의 대부분을 전국 극장을 순회하며 지내는 무라이 씨입니다. 16세부터 74세까지 여자 역으로 활약했던 배우입니다. 사진을 보면 알겠지만 기껏해야 70세 정도 밖에 보이지 않는 젊고 멋진 분입니다. 미소가 매우 인상적입니다.

두 분 모두 100세가 넘었지만 아직도 현역으로 일하고 계십니다. 그 점이 매우 부러웠습니다.《백세왕》의 발행연도가 1994년으로, 이 책에 실려 있는 분들은 지금은 아무도 생존해 있지 않을 겁니다. 책에 있는 자료에 의하면 1993년 9월 1일자 기준 100세 이상의 일본 인구는 4,800명을 웃돈다고 합니다. 그것이 지금은 3만 명 이상으로 늘었습니다. 노인요양시설이면 어디든 100세 이상이 한두 명은 있습니다. 초고령사회인 지금 100세인 사람은 더 이상 진기한 존재가 아니라고 할 수 있습니다."

책을 돌려보기 시작하자 흥미 없어 하던 학생들도 정중한 소개가 먹혔는지 책이 뚫어질 기세로 매우 열심히 보기 시작했습니다. 그 다음에 '100세가 된 자신을 상상해 보자'는 주제의 '설문지―나의 100세' 리포트 용지를 나눠주고 '100세의 자신'에 대해서 쓰도록 했습니다.

학생들 모두 사진집을 본 후라서 100세의 구체적인 이미지는 찾은 듯하지만 자신이 100세가 된 이미지와 동일시하지는 못해 한 마디 더 보탭니다.

"자신이 그 나이까지 살 거라고 생각하는 사람은 아마 한 사람도 없을 것입니다. 다만 그럭저럭 살다 보니 어느새 100세가 된 사람도 충분히 있을 수 있습니다. 그러니 지금부터 100세가 된 자신을 상상해 보세요."

100세가 된 나를 상상한다

100세가 된 자신을 상상하는 일은 60세나 70세 노인에게도 그리 쉽지만은 않습니다. 하물며 고등학생이 100세가 된 자신을 상상하기란 거의 불가능할 것입니다.

그래도 구태여 도전하라는 데에는 이유가 있습니다. 한마디로 상상력을 기르기 위해서입니다. 학생들 중에는 고령자 복지의 길을 선택하는 아이도 있습니다. 또한 부모가 할아버지, 할머니를 간병하는 집도 있습니다. 게다가 사회 자체가 이미 초고령사회입니다. 세대를 넘어 서로 의지하며 살아가는 사회가 되었습니다.

세대 ㅇ대세ㅅ가 아니 있는 ㅇ세ㄴ 생교 ㅂ녁 힘이 아니나 비

나의 100세

사진집 《백세왕》의 노인들이 태어난 것은 1890년경으로 여러분들이 태어나기 100년 도 더 된 일입니다. 앞으로 세상이 어떻게 될지 알 수 없지만 아마도 여러분들 중 몇 사람은 100세까지 살게 되겠지요.

오늘은 100세까지 살았을 때의 자신을 상상해 보도록 합니다. 이런 모습이었으면 좋겠다는 희망사항을 적어주세요.

Q 100세가 된 지금, 어떤 곳에서 살고 있습니까?

Q 당신은 누구와 함께 살고 있습니까?

Q 어떤 생활을 하고 있습니까? 하고 있는 일은 있습니까? 어떤 일입니까?

Q 취미나 삶의 보람은 무엇입니까?

Q 가장 기억에 남는 것은 무엇입니까?

Q 앞으로 하고 싶은 것은 무엇입니까?

Q 젊은 사람들에게 메시지를 보낸다면 어떤 말을 하겠습니까?

수업에서 나눠주는 설문지 '나의 100세'

지않아 자신에게도 닥칠 문제입니다. 안심하고 풍요로운 노후를 보내고 싶다면 지금 고령자가 안고 있는 문제와 노화에 따른 변화를 본인의 문제로 자각할 수 있는 감성이 필요합니다.

100세가 된 자신을 상상하며 사회를 바라보십시오. 고령자도 자립해 생활할 수 있는 제도가 갖추어져 있습니까? 경제적인 불안 없이 마지막까지 인간의 존엄성을 지키며 살 수 있는 사회입니까? 여기서도 '자립'은 중요한 키워드입니다.

이 리포트를 쓰게 하면 학생들 마음속에서 왠지 모를 감동이 싹틉니다. 지금 이 순간이 얼마나 귀중한지를 깨닫는 겁니다. 100세가 된 자신을 상상하기란 쉽지 않지만 100세가 된 노인을 보고 있으면 생명의 위대함에 감동받는다고 합니다. 카메라 작가 오노 씨가 느낀 감정을 학생들은 작품을 통해 간접적으로 체험했다고 해도 좋겠지요. 다시 한 번 일상의 매 순간들을 소중히 여기며 살아야겠다는 학생도 있습니다.

인간은 누구나 나이를 먹고 늙습니다. 그러나 고등학생 때는 머리로 알지만 좀처럼 실감하지 못합니다. 저도 고등학생 때는 인생이 끝없이 이어질 줄 알았습니다. 생명이 영원할 거라고 생각했는지도 모르겠습니다.

꼭 그래서는 아니겠지만 노인에게 배우 생생해습니다 매

저렇게 답답할까' '왜 같은 얘기를 몇 번씩 할까' '왜 저렇게 수 많은 일들을 잊어버릴까'라고 마음속으로 흉을 보았습니다.

그런데 나이가 듦에 따라 나이를 먹는다는 의미를 점점 이 해하게 되었습니다. 또한 인생에는 반드시 끝이 있다는 사실도 논리가 아닌 가슴으로 실감하게 되었습니다. 이러한 것들을 조 금 더 빨리 알았더라면 그렇게 냉담한 태도는 취할 수 없었을 것입니다.

한 번쯤, 노후 대비도 생각해 보라

어느 모임에서의 일입니다. 40대 남성이 '노후에 대비해 주민자치모임의 공원청소 활동에 참여하려고 결심했다'며 활동 경위를 들려준 적이 있습니다.

"아내와 둘이 걸으면 아내는 이웃사람들을 만날 때마다 인사를 주고받는데 옆에서 걷고 있는 저는 누구인지 전혀 모릅니다. 그래서 '지금 저 사람은 누구야?'라고 그때마다 물어야 할 지경입니다. 오래 산 동네인데 어느새 집과 회사를 오갈 때 그저 지나치는 장소가 되어버렸더군요. 이대로라면 퇴직 후 아내는 대화 상대가 많겠지만 저는 한 사람도 없겠다는 생각이 들었습니다. 노후에도 안심하고 이 동네에서 살기며 제가 싫고 있는 이곳에 지금부터 친구를 만들어 두어야겠다고 생각했습니다. 먼저 주민자치모임에서 하고 있는 공원청소에 참여해 지역 친구를 만들어야겠다고 생각했지요."

모임에 참여했던 사람들은 그 남성이 생각에 그치지 않고 스스로 행동한 것에 강한 관심을 보였고, 그중 한 사람은 "그래서 공원청소에 참여해 보니 어땠나요?"라고 물었습니다.

"막상 나가보니 청소하러 온 사람들은 모두 노인들뿐이고 제 또래는 한 사람도 없었어요. 평소 어르신들과 이야기할 기회가 없어 무슨 말을 해야 좋을지 몰라 결국 한 마디도 못하고 잡초만 뽑고 왔습니다."

조금 난처한 표정을 짓는 이 남성의 이야기에 사람들은 박장대소했습니다. 그런데 그 남성은 이렇게 말했습니다.

"하지만 이번 일요일에도 공원청소가 있어 가보려고 해요. 그날부터 생각한 건데 어르신들과 이야기해 보는 것도 의외로 즐거울 수 있고, 그 분들이 집에서나 이웃들에게 저에 대해 말해주면 어쩌면 같은 세대나 젊은이들도 청소하러 나오지 않을까 해서요."

사회로 진출할 고등학생에게 많은 어른들은 '앞으로 사회인이 될 테니 착실히 일해라'라고들 얘기합니다. 하지만 동시에

'사회인으로서 지역에서도 자신의 역할을 다해라'고 말할 필요가 있는지도 모르겠습니다.

무사히 회사에 취직해 어떻게든 정년까지 근무해도 퇴직 후 인생은 매우 깁니다. 평균수명 80세까지 20년이나 남았습니다. 고등학생들이 지금까지 살아온 것보다 더 긴 세월입니다. 그때까지 자기가 사는 지역에서 아무런 인간관계도 형성하지 못했다고 생각해 보십시오. 가령 가족이 있어도 반려자가 먼저 이 세상을 떠나거나 자식들이 독립해 멀리 떨어져 살면 그때는 정말 혼자가 됩니다. 혼자 사는 중년과 고령 남성들의 '고독사'가 많은 것도 그것과 결코 무관하지 않습니다.

가족과 사회라는 매우 한정된 범주에서만 소속감과 사는 보람의 근거를 찾을 것이 아니라 친구관계를 포함해 지역 활동과 자원봉사 활동 등 폭넓은 분야로 발판을 넓혀두면 인생의 재미와 안정감이 현격히 높아집니다. 인생은 굴곡과 난관이 많기에 넓은 발판이 필요합니다. 가령, 그중 하나라도 문제가 생긴다면 다른 발판이 당신을 지탱해 줄 것입니다. 다소 흔들리는 일은 있어도 궁지에 몰리는 일은 없을 것입니다. 두 다리로 서는 것보다 다섯 다리, 열 다리로 서는 편이 안정감이 굳건해진다는 뜻입니다.

노후 걱정을 끝까지 파고들어 가보면 결국 현재에 대한 불안감이라는 것을 알 수 있습니다. 고등학생이 지금 생각할 수 있는 것은 몇 년 후 정도겠지요. 그러나 여러 가지에 흥미를 갖고 적극적으로 다양한 사람들과 관계를 맺으면 인생을 풍요롭게 하는 동시에 어느 순간 노후 준비가 되어 있는, 멋진 인생을 누릴 수 있을 것입니다.

실습시간이 제일 좋아

기술가정 수업에서 가장 인기 있는 것은 역시 요리나 의상 제작 외의 실습시간입니다. 판서 중심의 수업을 따분해 하던 학생들도 스스로 주도하는 작업이 중심인 실습시간에는 활력이 넘칩니다. 조리 실습과 의상 제작 시간에는 더욱 활기찬 표정을 보입니다. 평소에는 학생들 얼굴에서 잘 볼 수 없는 표정인 만큼 저 역시 힘이 들어갑니다.

평소 부엌일을 하지 않던 학생들은 작업 하나하나가 발견의 연속입니다. 그래서 집에서 한 번 더 도전해 보는 아이들도 꽤 많습니다.

"선생님, 시민반에 그그 실습에서 만들었던 낡고기묦밉요

집에서도 만들어보았어요. 그랬더니 가족들이 정말 기뻐했어요"라는 학생도 있습니다.

또한 초·중학교에서도 해봤지만 그때는 아직 감을 잡을 수 없었는지 고등학교에 들어와서 앞치마 만들기를 계기로 갑자기 재봉에 눈을 떠서 잡화나 옷 리폼에 빠져들어서는 자신만의 브랜드를 제작 중이라고 보고하는 학생도 있습니다.

제가 근무 중인 고등학교는 종합학과로 몇 가지 계열로 나뉘어 있습니다. 그중 하나가 기술가정 과목 중심으로 수업이 전개되는 '생활디자인 계열'입니다. 선택과목에는 수예, 뜨개질, 직물, 아트플라워, 아로마, 생활표현 실습 등 필기시험 없이 1년 내내 실습만 하는 수업도 많습니다. 그 때문에 실습을 좋아하는 학생들에게는 매우 인기가 높습니다.

기술가정 수업에서도 시간이 되면 조리나 의복 이외에 다양한 실습을 도입하려고 합니다. 예를 들어, 고령자 복지 분야에서는 기본적인 간호 실습을 하거나 보육 분야에서는 유아용 그림책을 만들거나, 주거 분야에서는 인테리어 소품을 만드는 겁니다. 실제로 몸을 움직이고 오감을 구사하는 실습은 학생들을 자극해 그 진지함에 압도당하는 경우가 종종 있습니다. 그래서 저도 실습에는 더 관심을 기울입니다.

그렇다고 이론 없이 마구잡이로 실습을 진행하는 것은 아닙니다. 왜냐하면, 기술은 이론적으로 뒷받침되어야 비로소 응용력이 생기기 때문입니다. 자동차 운전과 똑같습니다. 어느 정도 자동차의 구조를 알면 누구라도 자동차를 운전할 수 있습니다. 하지만 안전하게 운전하려면 교통규칙을 외우고 상황에 따른 적확한 운전기술을 습득해야 합니다.

기술가정 실습도 마찬가지입니다. 음식이나 옷도 대충 만들 수는 있지만 원리와 이론을 알고 알맞은 기술을 활용해 만들면 전혀 다른 물건이 완성됩니다. 거꾸로 지식과 기술의 뒷받침 없이 실습에 임하면 최악의 경우 다치거나 사고가 날 수도 있습니다. 그렇기 때문에 처음에는 설명 듣는 것이 귀찮다며 빨리 하자던 학생들도 이론이 실습 결과물의 품질로 직결되는 중요한 일임을 깨달으면 이론 설명을 진지하게 듣습니다. 그리고 눈앞의 공부가 현재는 물론 앞으로 긴 인생에서도 활용된다는 사실을 알면 왕성한 학습의욕을 보여줍니다.

진지하게 몰두하면서도 한편으로는 실습을 즐거워하는 모습을 보면 저 역시 즐거운데, 그만큼 실습이 없는 수업도 학생들의 요구에 맞출 수 있도록 연구해야겠다고 반성하기도 합니다.

내 생활을 즐겁게 만드는 기술

　세상에는 이론과 기술을 깊이 연구한―소위 전문가―일류라고 불리는 사람들이 많이 있습니다.

　예를 들어, 일류 요리사가 만든 메뉴를 보면 계절감은 물론 색채, 촉감까지 세심하게 신경을 썼습니다. 또한 재료의 좋은 질을 어떻게 끌어낼 것인지 치밀하게 계산해서 만들었다는 것을 알 수 있습니다.

　일류 디자이너가 만든 옷은 스타일뿐 아니라 착용감도 좋아 입은 사람을 돋보이게 합니다.

　수업시간에 학생들의 '물건 만들기'나 전문가가 직업으로 종사하는 '만들기'는 모두 '만들기'라는 점에서는 다르지 않습니다. 그런 까닭에 아마추어와 프로의 차이는 '지식의 양과 기술력의 차이'뿐이라고 생각하는 사람이 의외로 많습니다. 그래서인지 기술가정 수업의 실습을 아마추어를 프로에 가깝게 만드는 시도로 착각하는 사람이 적지 않습니다. 다음의 이미지그림이 그러한 사고의 프로세스입니다(표8).

<표8> 전문가와 초보자

사실 기술가정 수업에서 익히는 기술과 프로가 되기 위한 기술은 전혀 별개입니다. 물론 학교에서 배우거나 집에서 했던 것들이 프로가 되는 데 전혀 도움이 되지 않는 건 아닙니다. 반대로 전문가의 지식과 기술은 우리에게 새로운 시점과 연구의 소재를 가르쳐줍니다. 그렇게 생각하면 조금 전 제시한 사고의 프로세스도 틀렸다고는 할 수 없습니다. 그러나 기술가정 수업에서 배우는 지식과 기술은 전문가로서 습득해 가는 것과는 수준이니 시 방이는 전혀이 다릅니다.

예를 들어, 전문 요리사는 연습을 거듭해 스스로 체득한 지식과 기술로 수입을 얻습니다. '비싼 돈을 지불해서라도 먹고 싶다' '비싸(싸)지만 맛있다'고 손님에게 인정받아야 비로소 전문 요리사로서 알려집니다. 또한, 인지도를 얻는 게 끝이 아니라 손님들이 질리지 않게 끊임없는 연구와 새로운 손님을 끌어들이기 위해 노력해야 합니다. 물론 남들의 평가는 항상 따라다닙니다.

한편, 기술가정 수업의 실습은 자신의 생활을 보다 풍요롭게 하기 위한 기술 획득이 첫 번째 목적입니다. 그 목적에 따라 수업내용과 실습 메뉴를 구성해 학생들과 함께 실시합니다.

예를 들어, 여러분은 어떤 점을 고려해 오늘 저녁 메뉴를 결정할 건가요? 제 경우는 어떤지 메뉴 결정까지의 사고 경로를 작성해 보았습니다.

❶ 냉장고와 찬장에는 무엇이 있지? ⋯ 먹고 싶은 것과 유통기한이 얼마 남지 않은 재료가 뭘까?

❷ 내가 먹고 싶은 게 뭐지? ⋯ 가족이 무엇을 먹고 싶어하지? ⋯ 모두의 몸 상태는 어떨까? 진한 맛과 산뜻한 맛, 어느 쪽이 좋을까?

❸ 어디로 재료를 사러 가지? ⋯▶ 적당한 시간에 장을 볼 수 있는 곳은 어디지? 그곳에서 싸게 팔까?

❹ 저녁식사에 쓸 예산은 얼마로 정해야 할까? ⋯▶ 가끔은 비싼 걸 사도 괜찮겠지? 아니, 오늘은 아껴야 하나?

❺ 요리 시간은 얼마나 걸릴까? ⋯▶ 복잡한 요리도 괜찮을까? 빨리 만들 수 있는 것으로 하는 게 좋겠지?

이것은 프로의 메뉴 결정방법이 아니라는 것쯤은 누구나 알 수 있습니다. 프로에게 필요한 기술은 사람들이 맛있게 먹을 수 있게 하는 것, 학생들의 기술은 일상생활의 쾌적함과 유지를 위한 것입니다.

기술가정 수업에서 배우려는 것은 개인적인 기술, 즉 '자신의 편의를 위한 기술' '자신의 생활을 풍요롭게 하는 기술'입니다. 전문가와는 사정이 완전히 다릅니다.

생활력을 갖추고,
상대방의 방식을 수용하라

　대상이 혼자 사는 사람이라면 이야기는 여기서 끝납니다. 하지만 누군가와 함께 살고 있는 사람에게는 개인적인 기술이 왜 필요한지 한 가지 이야기를 더 해야 할 것 같습니다. 처음에 소개한 '팬티 개는 법'으로 고민하던 남성의 이야기를 기억하십니까?

　만약 그가 혼자 살거나 아내가 자신만의 팬티 개는 법을 고집하지 않았다면 남편은 특별히 고민할 필요가 없습니다. 이런 남성도 있습니다. 그 사람은 빨래를 너는 방법으로 고민했습니다. 그는 막 정년 퇴직했을 무렵 특별한 취미도 없어 집에서 남아 도는 시간을 주체하지 못했습니다. 한편, 아내는 그런 남편

옆에서 입버릇처럼 "바쁘다, 바빠"를 연발했습니다. 남성은 빨래 널기 정도는 자신도 도울 수 있다는 생각에 그 일을 떠맡았습니다. 나름대로 열심히 했지만 "당신이 널면 빨래가 쭈글쭈글해요. 나중에 쓸데없이 손이 더 가니까 이왕 널 거면 제대로 널어주세요. 못 하겠으면 내가 할 테니 당신은 절대 손대지 마세요"라고 매번 잔소리를 들었습니다.

그는 "나름 열심히 하는데 맨날 아내한테 혼만 나네요"라고 기운 없이 말했습니다. 아내는 자신의 빨래 너는 방식과 같지 않으면 인정하지 않았습니다. '팬티 개는 법'으로 고민하는 남편과 완전히 똑같은 패턴입니다.

여러분은 이 남성에게 어떤 조언을 하겠습니까?

저는 그 남성에게 이렇게 말했습니다.

"주름이 지면 안 되는 빨래는 미리 부인이 빼놓도록 하는 게 어떨까요? 그렇게 하면 남은 빨래는 주름이 생겨도 상관없잖아요. 아마 그중에 당신의 셔츠와 바지도 들어 있을 겁니다. 그럼 이제 맘껏 당신이 만족스러운 방법으로 너세요. 어쩌면 그러다가 셔츠나 바지 주름이 신경쓰이게 될 수도 있습니다. 그때는 깨끗이 인정하고 부인한테 빨래 너는 방법을 가르쳐달라고 해도 되지 않을까요? 당신이 널어놓은 빨래가 말랐을 때 깨

끗하고 반듯하면 다른 빨래도 마저 널어달라고 부인이 말할지
도 모르지요."

어느 모임에서 이 이야기를 했더니 "우리 집은 남편이 넌 빨
래가 내가 한 것보다 반듯해요." "우리 남편이 너는 것을 한번
보여주고 싶네요. 1밀리미터의 착오도 없다니까요"라고 얘기
하는 여성들이 의외로 많았습니다. 빨래를 잘 널고 못 널고는
남녀의 차이가 아니라 성격의 차이였던 것입니다.

그 밖에 설거지 방법으로 남편과 싸웠다든지 요리 순서나
뒷정리로 언쟁을 했다는 둥 다 큰 어른들이 이런 문제로 상당
히 심각하게 고민 중이었습니다.

다들 팬티 개는 법과 마찬가지로 상대에게 자기 방식을 밀
어붙이거나 요구하는데 듣지 않아서 생기는 언쟁입니다. 구깃
구깃한 빨래를 그대로 널면 확실히 개는 게 힘듭니다. 안 해도
되는 노동을 하게 되는 셈이지요. 그 점은 제대로 짚고 넘어가
는 편이 좋겠네요.

하지만 그 외에는 자신과 순서나 방법이 달라도 그다지 중
요한 일이 아니지 않을까요? 집안일을 분담하기 바란다면 무
엇을 양보해야 할지는 명료합니다.

제 친구는 모든 집안일을 혼자서 하는 것과 상대가 누락하

지 않는 점에 상당히 스트레스를 받았다고 합니다. 하지만 어느 날을 계기로 사소한 것에는 신경 쓰지 말자고 생각했다고 합니다. 그리고 가능한 것은 분담하되 상대방 방식을 존중하자고 결정하니 많이 편안해졌다고 합니다.

남성만 집안일을 고민하는 것이 아니라 여성 중에도 고민하는 사람이 많습니다. 집안일이 서툰 여성에게 '집안일 하는 건 매우 당연, 잘하는 것도 매우 당연'이라는 선입견은 상당한 중압감입니다. 수업시간에 저는 이 점을 강조하여 말합니다. 가사는 성별로 나눌 게 아니라─잘하고 못하고, 좋아하고 싫어하고는 있어도─남녀 모두 하는 것이 당연합니다. 그래서 집안일 하는 방법은 물론, 서로 강요하지 않고 어떻게 하면 기분 좋게 도울 수 있는지를 연구하는 것이 중요합니다. 또한 잘 되지 않는 것을 상대방 탓으로 돌리거나 반대로 본인 탓으로 여기지도 말고, 먼저 상황을 객관적으로 보는 습관이 필요합니다. '무엇 때문에?'라고 생각하다 보면 자연스럽게 원인이 보입니다.

살아가면서 상대를 위하는 마음으로 한 일에 상대가 진정으로 기뻐할 때 우리는 즐거워집니다. 또한 기분이 좋아집니다. 그 결과 만족감과 '다음에도 잘해야지'라는 미음으로 이어집니다.

다양한 빨래 널기

탈수 후 세탁기에서 바로 빨래를 꺼냅니다. 잘 펴서 2~3회 털어서 주름을 편 다음 널도록 합니다.

양말은 고무줄 부분을 위쪽으로 해서 넙니다. 발가락 양말은 발가락 부분을 확실하게 빼서 바람이 통하게 합니다.

그림과 같이 바람과 햇빛에 닿는 면이 많도록 넓게 넙니다. 그렇게 하면 빨리 마릅니다.

후드 티셔츠는 모자 부분이 다른 옷감과 겹치지 않도록 거꾸로 넙니다.

빨래걸이를 사용할 때는 통풍을 생각해 바깥쪽에 짧은 것, 안쪽에 긴 것을 널고, 남의 시선이 신경 쓰이는 속옷은 안쪽에 넙니다.

청바지를 포함해 바지 종류는 뒤집어서 넙니다. 잘 마르지 않으므로 지퍼를 열어 바람이 잘 통하게 합니다.

기술가정 수업에서 배우는 지식과 기술은 돈이 되지는 않지만 생활을 여유롭고 윤택하게 만들어줍니다. 주변과의 관계성을 풍요롭게 합니다. 이 분야의 프로가 얻는 만족감과는 전혀 다른 것입니다.

물론 기술가정의 조리 실습시간에 일일이 아마추어와 전문가를 구분하지는 않아도 수업의 목표는 명백히 '개인의 생활력을 체득하는 방법'에 있습니다. 일상생활을 스스로 꾸려 나갈 때 힘들지 않고 자신에게 맞는 속도와 감각으로 해낼 수 있는지, 또한 누군가와 함께 살고 있다면 상대방의 방식을 수용할 수 있는지 등이 중요합니다.

4장

자립 수업 4

풍요로운 삶을 위한 기술

여러분의 놀이 수준은?

기술가정의 보육과 관련된 내용은 육아 중심으로 다양하게 공부합니다. 그중 '아이들의 놀이'라는 단원에서는 놀이를 '신체를 사용하는 기능놀이' '물건을 사용하는 구성놀이' '소꿉놀이·규칙놀이' 등 주로 놀이의 내용과 형식으로 분류하고 아이들의 발달에 대해 연구합니다. 저는 '놀이'를 인간관계에서, 즉 '사회성 발달' 측면에서 다루는 방식이 마음에 들었습니다. 그래서 '놀이로 보는 사회성 발달'을 주제로 수업을 진행합니다.

먼저 〈표9〉의 '놀이의 발달'을 보면서 놀이가 어떻게 발전하고 아이들의 사회성을 키워주는지 설명하겠습니다.

〈표9〉 놀이의 발달

발달순서	놀이 종류	놀이 상황	놀이의 예	사회성과의 관계
❶	혼자 놀이	혼자서 논다	장난감을 가지고 혼자 놀기	자신만의 세계에 안주
❷	방관 놀이	다른 사람이 노는 모습을 떨어져서 보고 있다	공원에서 노는 아이들을 집중해서 보고 있다	다른 사람 세계에 대한 관심
❸	병행 놀이	같은 곳에서 각각 다른 놀이를 한다	1명은 그림을 그리고 1명은 그림책을 본다	자신의 공간을 다른 사람과 공유
❹	연합 놀이	같은 종류의 놀이를 따로따로 한다	'블록' '나도!' '그네' '나도!'	다른 사람의 흥미에 관심
❺	협동 놀이	하나의 놀이를 역할 분담해서 함께 논다	'다 같이 비밀기지 만들기' '소꿉놀이' 등	세계관을 공유하고 함께 창조

학부모 모임 때 '놀이의 발달'이 화제가 된 적이 있었습니다. 간단한 설명이 끝나자 한 학부모가 이렇게 말했습니다.

"선생님, 놀이도 발전하는군요……. 놀이라고 하면 목적도 없이 시간 때우기 위한 거라고 생각했어요. 확실히 놀 때만큼 집중하는 때도 없으니 아이들도 제대로 노는 게 매우 중요하다고 생각해요. 그런데 선생님, 요즘 중고생들을 보면 ❸의 병행 놀이에서 발달이 멈춘 아이가 많지 않나요?"

재미있는 의견이라 왜 그렇게 생각하느냐고 물어보았습니다.

"며칠 전 친구가 놀러와서 간식을 갖고 방에 들어갔더니 한 아이는 만화, 한 아이는 게임, 한 아이는 TV의 축구 중계를 보고 있더군요. 이것이 '병행 놀이' 아닌가요?"

그 상황은 전형적인 병행 놀이였습니다. 장소를 공유(같은 장소에서 놀기)하기는 해도 공통의 관심사(함께 하려고 하는 것)를 발견할 수 없는 상황입니다.

요즘에는 한 방에서 따로 노는 중학생과 고등학생이 늘고 있다는 이야기를 자주 듣습니다. 수업시간에도 이런 내용을 소개하고 "혼자는 외로우니까 누군가 함께 있고 싶지만 같이 무언가를 할 만큼 깊은 관계를 맺고 싶지 않다는 느낌……. 제게는 조금 이해하기 힘든 감각이지만 여러분도 그런 식으로 놀 때가 많나요? 그것이 재미있나요?"라고, 요즘 청소년들을 이해할 수 없다는 듯 얘기하자 학생들이 손을 들고 말했습니다.

"선생님, '혼자는 외롭다'라는 부분 말인데요, 함께 살면서 대화가 전혀 없는 부부가 늘고 있다고 들었어요. 그 사람들도 같은 생각으로 한 지붕 아래 살고 있는 건가요?"

이 질문에는 저도 깜짝 놀랐습니다. 간혹 그런 이야기를 들은 것 같습니다.

르겠습니다. 하지만 청소년들과 어른들의 상황을 '놀이의 발달'에 비춰 설명하기에는 조금 무리가 있습니다.

왜냐하면 '놀이의 발달'은 놀이 방법이 ❶번부터 순서대로 변화해서 ❺번이 되면 종료되는 것이 아니기 때문입니다. 성장함에 따라 놀이 방법이 다양해져 실로 각양각색의 방법으로 놀 수 있게 된다는 의미입니다. 따라서 고등학생이 '병행 놀이'를 한다 해도 이상할 게 없고 '혼자 놀이' 할 때가 있으면 '병행 놀이' 할 때도 있고, '협동 놀이' 할 때도 있는 것이 자연스러운 일입니다.

문제는 언제나 '병행 놀이'만 하는 식으로 한 종류의 놀이만 고수하거나 하고 싶은 놀이가 없는 경우입니다. 왜냐하면, 사람은 다양한 놀이 형태를 경험하면서 사회에서 살아가는 요령을 체득하기 때문입니다.

그러므로 어른이 될 때까지 ❶번부터 ❺번까지의 놀이 방법을 한 번씩 경험하는 것은 매우 중요합니다. 그러한 놀이 방법을 응용할 수 있다면 인간관계에서 그다지 방어적일 필요가 없기 때문입니다.

❶번의 '혼자 놀이'의 시간도 혼자 즐기기 위한 귀중한 시간이라고 할 수 있겠지요. '혼자 즐기는' 것도 하나의 능력입니다.

216

그뿐 아니라 어떤 놀이든 사회생활에 필요한 능력과 연결되어 있습니다.

예를 들어 ❷번의 '방관 놀이'는 타인에게 흥미를 갖고 철저히 관찰하는 능력, '병행 놀이'는 관심의 대상도 다르고 더욱이 하는 일도 다른 사람들 속에서 평화롭게 공존하는 능력, '연합 놀이'는 흥미가 같은 사람들끼리 절차탁마하거나 서로 독려하는 능력, '협동 놀이'는 같은 목표를 향해 서로 협력하는 조직원으로서 행동하는 능력들로 이어집니다. 이런 능력들이 '놀이'에 바탕을 두고 있으니 어린 시절의 놀이가 얼마나 중요한지 알 수 있습니다.

'놀이의 발달' 표를 보면 '놀이의 발달단계가 연애의 진행과정과 똑같다'는 사실을 깨달을 수 있습니다.

'혼자 놀이'는 머릿속으로 자기 마음대로 이상적인 연인을 그리는, 소위 '그저 사랑하고 싶은' 상태로서 연애의 1단계라할 수 있습니다. '방관 놀이' 단계에서는 누군가 구체적인 사람에 대한 관심이 싹틉니다. 연예인이나 선배, 반 친구, 누구든 상관없이 '동경하는 사람'이 나타나는 것이 연애의 2단계입니다. 연애도 3단계에 접어들면 좋아하는 사람 곁으로 가까이 가고 언제나 함께 노는 '그룹 교제'의 상태는 공간을 공유하는 '병행 놀이'와 같습니다.

'연합 놀이' 단계에서는 상대방 행동에 신경쓰고 상대의 내면까지 관심을 갖습니다. 상대가 읽는 책을 사서 보거나, 상대가 보고 싶다는 영화나 드라마를 보고, 상대에 대해 더욱 알고 싶어지는 상태로 이렇게 되면 연애도 4단계에 들어섰다고 할 수 있습니다.

마지막은 '협동 놀이'인데 특정한 연인이 생기고 그 사람과 함께 하나의 이야기를 만들어가고 싶은 심정에는 '신뢰와 나눔'의 마음이 있습니다. 거기까지 가면 연애도 최종단계라 할 수 있습니다. '놀이의 발달'과 '연애의 진행'은 실로 똑같지 않습니까?

그러나 연애의 경우에는 '방관 놀이'에서 갑자기 '협동 놀이'로 점프하려고 하는(즉, 지금까지 인사도 한 적 없는 사람에게 갑자기 고백하고 1대 1의 교제를 시작하려고 하는) 사람도 꽤 있습니다. 그래서 잘 된다면 기적이라 볼 수 있지만 역시 잘 되지 않는 케이스가 압도적으로 많습니다.

놀이의 발달처럼 연애도 단계를 거쳐야 '운명의 상대'라고 느낄 수 있는 게 아닐까요?

"선생님, 그럼 한눈에 반해 운명적 상대를 만나는 일은 없다는 뜻이에요?"라고 학생들이 반격했습니다.

"아니, 그게 시작이라는 거란다."

여러 번 도전해도 차이기만 할 뿐 매번 실패만 한다는 사람은 의외로 독선적이고 무모한 점프가 원인일지도 모릅니다. 오히려 차근차근 관계를 쌓아가는 데 정성을 기울이는 편이 고민을 줄여줄지 모릅니다.

결국 인간관계 구축 방법의 기본은 어린 시절과 성인이 된 이후가 그다지 다르지 않습니다. 그러므로 어릴 적부터 집단 속에서 지내면 인간관계 구축 방법을 자연스럽게 체득할 수 있습니다.

최근에는 소가족화에 따라 성장과정에서 다양한 인간관계를 맺을 기회가 박탈된 채 어른이 되는 경우가 늘고 있습니다. 그러므로 스스로가 의식적으로 사람들과의 관계 형성 기회를 만드는 자세가 필요합니다.

DV프리, 동등한 연애관계 만들기

2장에서는 결혼 상대의 조건에서부터 자신이 희망하는 인간 관계가 어떤 것이고 또한 어떻게 구축할 것인지 큰 틀에서 생각해 보았습니다.

여기서는 한발 더 나아가 연애에서는 어떻게 관계를 만들어 나갈지에 대해 생각해 보겠습니다.

'DV'라는 말을 신문이나 뉴스 또는 어딘가에서 들은 적이 있습니까? DV란 '도메스틱 바이올런스(Domestic Violence)'의 약칭으로, 원래는 '가정 폭력'을 가리키는 말입니다. 그러나 최근에는 '부부나 연인 등 친밀한 관계에서 발생하는 것으로, 한쪽이 다른 한쪽에게 가하는 폭력'이라는 의미로 쓰이고 있습니다. 폭력은 언어 폭력, 신체적 폭력, 심리적 폭력, 성적 폭력 등 종류가 다양합니다. 또한 남녀 사이뿐만 아니라 동성 연인 간에도 발생하는 것으로 알려져 있습니다.

폭력을 휘두르는 사람의 마음 한구석에는 '상대를 지배하고 싶다, 자신의 생각대로 조정하고 싶다'는 심리가 숨어 있습니다.

"연인이니까 상대를 속박하고 싶은 건 어쩌면 당연하잖아요"라고 말하는 사람이 있습니다. 그러나 연인 사이라고 해서 필요 이상으로 상대방 행동을 감시하거나 간섭하는 것은 결단코 좋은 관계라고 할 수 없습니다. 게다가 상대가 자기 생각대로 움직이지 않는다고 폭력으로 복종시키려는 행동은 연애감정이라기보다 오히려 지배욕이라고 불러야겠지요.

한편 '내가 좋아하는 사람에게 구속당하고 싶다'고 공언하는 사람도 있습니다. 언제 어디서든 자신만을 주목하고 사랑해주기를 바라는 마음을 '구속'이라고 표현하는 것입니다. 그러나 누구를 만났는지, 누구와 이야기했는지 일일이 애인에게 보고해야 하거나, 반대로 애인의 기분을 거스르지 않기 위해 항상 상대의 안색을 살피며 자신의 행동을 규제하거나, 끝내는 상대방이 허락해야만 원하는 일을 할 수 있는 지경이 된다면 멀리 사랑받고 있다기보다 오히려 감시당하고 있는 게 맞을 겁니다.

DV의 뒷면에는 상대를 향한 매우 강렬한 집착이 깔려 있습니다. 연애감정과 구별이 쉽지 않은 것도 그 때문입니다. 서로를 강하게 원하고 사랑하려던 게 어느새 DV적인, 서로를 구속만 하는 관계로 빠질 가능성이 있습니다.

'DV프리'란 'DV가 없다'는 의미입니다. 즉 지배―피지배가 아닌 대등한 연애관계를 뜻합니다. '대등하다'는 게 구체적으로 어떤 관계를 말하는지 이해하기 어려울 수도 있습니다. 앞서 기술한 '결혼 상대에게 요구하는 조건'과 마찬가지로 자신이 상대에게 어떤 조건과 관계를 요구하는지 곰곰이 생각해 볼 필요가 있습니다.

성적 자립에 대하여

몇 년 전 고등학교를 졸업하고 대학교에 갓 입학한 제자와 우연히 버스에서 만났을 때 매우 충격적인 이야기를 들었습니다.

"선생님, M양 기억하세요? G군과 사귀었던 여학생 말이에요. 고등학교 때 G군에게 DV를 당했대요. 가끔 매 맞기도 하고 발로 차이기도 했던 것 같아요. 대학에서 DV에 관해 배운 후에야 M양이 DV 피해자였다는 걸 알았어요. 교수님과도 상담했는데, 어떻게든 도와주고 싶은 생각에 친구들에게 알려서 모두가 M양을 설득해 일단 헤어지게 했어요. 그런데 얼마 후에 '그 사람은 내가 곁에 있어줘야 해. 부모도 이해해 주지 않는 불쌍한 사람이야.'라며 다시 만났어요. 위험하다고 생각했는데 ⋯⋯

나다를까, 또 폭력이 시작되었어요. 그런데 전보다 정도가 더 심해 울기도 하고 심할 때는 드러눕기도 해서 정말 힘들었어요. 그래서 동창들 중심으로 가능한 한 많은 사람들이 모여 모두가 보는 앞에서 헤어지게 했어요. 그로부터 벌써 몇 개월이 지났는데 아직까지는 G군과 만나지 않고 있어요. 이젠 괜찮을 거 같아요."

M양과 G군은 재학 시절 교사들 사이에서도 사이가 좋은 커플로 보였습니다. 두 사람은 늘 함께 있는 것이 즐거워 보였습니다. 그런데 고등학교 재학 시절에 이미 그런 일이 있었다니 청천벽력과도 같은 이야기였습니다.

"선생님, M양이 가끔 다리를 끌면서 걸었잖아요. 알고 계셨어요?"

제자의 질문에 저는 아무 대답을 할 수 없었습니다.

그렇습니다. 저는 전혀 알아차리지 못하고 있었습니다. 제자이기도 한 고교 커플에게 DV가 발생했다는 것도 충격이지만, 두 사람을 바로 옆에서 지켜보면서도 그런 기색을 전혀 알아차리지 못한 제 자신에게 더욱 충격을 받았습니다.

DV를 먼 나라의 일로, 제 자신과는 별로 상관없는 일이라고 생각했을까요? 지식으로는 DV를 알고 있음에도 제지에게 이

무런 도움이 되지 못했습니다. 물론 그 무렵에는 아직 DV를 수업 주제로 삼지도 않았습니다.

제자에게 이야기 들은 것을 계기로 저는 수업에서 적극적으로 DV의 문제를 다루게 되었습니다. 학교에서 꼭 붙어다니는 커플을 보면 그저 사이가 좋다고만 생각지 않고 조금 더 자세히 관찰하기로 했습니다. 그러자 점차 '혹시⋯⋯' 하고 DV를 의심케 하는 커플을 구분할 수 있게 되었습니다. 두 사람 중 누구에게나 넌지시 말을 걸어보고 상담이 필요하면 언제든 오라고 하자 가끔 이야기하러 오는 학생들이 있었습니다. 그렇지만 진지한 이야기는 좀처럼 나오지 않았습니다. 그러나 말을 건넴으로써 '언제나 너희를 신경 쓰고 있어'라는 메시지를 전달했습니다. '주변에서 지켜보고 있다'는 분위기 조성은 여러 종류의 폭력을 제지하는 방향으로 작용하며, 무슨 일이 생기면 상담할 데가 있다는 것을 의미합니다.

고교 커플은 자신들의 관계가 DV임을 알아차리지 못하는 경우가 대부분입니다. '좋아하니까 속박하는(혹은 속박당하는) 것은 당연하다'고 생각하는 경향이 높아서 좀처럼 비뚤어진 관계에서 빠져나오지 못합니다.

DV에 관한 지식을 얻어 자신들의 관계를 새내노 세끄에 브

수만 있다면 고등학생일지라도 해결을 향한 한걸음을 내딛을 수 있다고 생각한 저는 학생들에게 무엇보다 정확한 지식을 전달해야겠다고 마음먹었습니다.

DV란 무엇인가, 대등한 관계란 어떤 것인가에 대해 생각할 수 있는 요소를 수업에 도입했습니다. 그렇게 체득한 지식은 틀림없이 그 사람에게 힘이 될 거라고 믿었습니다. 왜냐하면 'DV'는 기본적으로 당사자끼리의 문제이기 때문입니다. 스스로 관계를 해결하려 하지 않는 한 진정으로 해결할 방법은 없습니다.

DV의 본질은 '연애'라는 베일에 둘러싸인 '지배욕'입니다. '성적 관계'도 일반적인 방법으로 가르칠 수 있는 것은 아닙니다. 저는 먼저 '성적 관계'를 '합의' '금전 수수'의 유무에 따라 분류한 표 '성적 관계를 생각하다'를 만들어 학생들에게 가르쳤습니다(표10).

[문제 1] 앞의 표는 성적 관계를 '합의'와 '금전 수수' 유무에 따라 분류한 것입니다. A~D에 각각의 관계를 나타내는 적당한 말을 쓰시오.

〈표10〉 성적 관계를 생각하다		
금전 수수 \ 합의	예	아니요
아니요	A	C
예	B	D

정답은 A 자유연애 B 매매춘, 원조교제 C 강간, 치한 D 강제 매춘입니다.

어떤가요? 아시겠습니까? 문제의 전제가 된 '성적 관계'는 키스로 생각해도 좋고 섹스라고 생각해도 좋습니다. 요컨대 성적인 것으로 여기는 행동이 상대와의 사이에서 일어나고 있다고 생각하시면 됩니다.

A는 상대와 합의되고 금전적인 수수 여부가 없는 관계입니다. "키스할까?" "좋아!"와 같은 관계입니다. 연인이나 부부간의 성행위가 여기에 해당하는 것으로 크게 문제 될 게 없습니다. 학생들도 '하고 싶은 대로 하는 관계'라고 대답하는 경우가 많습니다.

다음으로 B는 합의했어도 두 사람 사이에서 금선 수수가 있는 관계입니다. "섹스할까?" "좋아!" "그럼 얼마?"라는 관계입니다. 이것에는 '매매춘'과 '원조교제'가 있습니다. 여러분은 매매춘과 원조교제에 찬성합니까, 반대합니까?

현재 일본에서는 돈을 주고받으며 섹스하면 기본적으로 법률위반입니다. 하지만 매매춘이 합법적인 나라도 있습니다. 사실 일본에서도 폭넓게 이뤄지고 있습니다. 여기에서는 그 행위의 좋고 나쁨은 논하지 않겠습니다. 여러분이 생각할 것은 A, B, C, D 각각의 관계이기 때문입니다.

C는 합의가 없고 금전 수수도 없으며 성적 관계만 있는 상태입니다. 수업에서 쉽게 대답이 나오지 않는 항목입니다. 일부러 알기 어려운 질문방법을 채택하고 있는 탓도 있습니다. 일반적으로 합의나 금전 수수가 없으면 성적 관계가 발생할 리 없습니다. 대답은 '치한'이나 '강간' '강제 외설행위' 등입니다.

D는 합의는 없지만 성적 관계가 있고 금전 수수도 있는 관계입니다. 지금까지 수업에서 C와 D에 대한 답이 나왔던 적이 없습니다. 대답은 '강제 매춘'입니다. '강제 매춘'이라는 말 자체를 모르는 학생도 많은데, 이것은 본인이 싫어하는데도 무리하게 매춘을 시키는 것입니다. 또는 시작할 때는 합의가 있었던 원조교제도 중간에 합의가 없던 행위를 강제적으로 했다는

지, 속아서 돈을 받지 못한 케이스도 여기에 포함됩니다.

[문제 2] C와 D를 하나로 묶어서 표현할 수 있습니다. 그것은 무엇일까요? (힌트 : 한자로 표현하면 두 글자가 됩니다)

아셨습니까? 이것은 정답률이 상당히 높은 질문으로 바로 '범죄'입니다. C와 D에 공통적인 사항은 '합의가 없다'는 점입니다. '합의가 없는 성관계'는 '범죄'입니다. 먼저 이것을 염두에 두면서 다음 문제로 넘어가겠습니다.

[문제 3] A의 자유연애에 대해 생각해 봅시다. 자유연애라면 '바람기'도 포함됩니다. 그럼, 서로의 동의도 있고 금전 수수도 없습니다. 여러분은 그래도 괜찮습니까?

"바람기는 별도의 문제 아닌가요?"
"모르겠어요."
"두 사람이 좋다면 괜찮은 거 아닌가요?"
학생들의 고뇌에 찬 의견이 여기저기서 들려왔습니다.
그런데 사실 이 문제에는 나이가 제시되지 않았습니다. 그 사실을 알았습니까? 만약 한쪽이 어른이고 다른 한쪽이 어린이라면…….

"그건 안 돼요."

"있을 수 없어요."

이 밖에도 금기시하는 조합이 있을 수 있습니다. 또한 모두가 당사자들의 자유라는 의견도 있을 수 있구요. 수업에서는 개인에게 질문하는 것이지만 몇 명이서 토론해 보도록 하면 재미있는 결과가 나올 것입니다.

왜냐하면 성에 관한 한 무엇이 되고 안 되고의 감각은 저마다 매우 다르기 때문입니다. 그리고 이 감각의 차이가 다양한 비극을 낳는 것입니다.

예를 들어, 일본이나 다른 나라의 성 피해 상담기관 조사에 따르면, C의 강간이나 강제 외설행위는 길거리에서 일어나는 범죄보다 연인이나 아는 사람에 의한 범죄가 압도적으로 많다는 것입니다. 미국에서는 아내가 남편을 강간죄로 고소하는 재판이 그다지 새롭지 않을 정도로 데이트 강간이라는 말이 흔하다고 합니다.

"네? 부부나 연인 사이에서 강간이라고요?"라고 몹시 놀랍고 의외라는 표정의 학생들이 많습니다.

"아무리 부부나 연인이라도 일단 합의했으면 그 다음은 언제 어디서든 괜찮은 걸까?"라고 물어보았습니다. 그러자 "그것도 그렇군요. 싫을 때도 있을 테니까요. 저도 특별활동으로 피곤해서 집에 가면 아무것도 하기 싫으니까요"라고 남학생이 말했습니다. 그러자 곧 "항상 두 사람의 욕구가 맞는 건 아니니까요" "확실히 그럴지도 모르겠네요"라고 여학생들도 묘한 표정으로 대답합니다.

상상의 범주에서 생각하고 대답하는 학생들이 많기는 하지만 구체적으로 자신의 감정과 신체 상태 등을 고려해 생각하는 것이 이해하기 쉽나 봅니다.

부부나 연인 사이에서 일어나는 성범죄는 그때의 상대 기분과 신체 상태를 전혀 고려하지 않기 때문에 발생합니다. 부부나 연인 사이는 본래 가장 상대를 배려하는 관계입니다. 그럼에도 범죄에 가까운 행위가 발생하는 것은 상대에 대해 잘 알고 있다고는 하나 실제로는 아무것도 알고 싶어하지 않기 때문입니다. 또한 상대가 원해도 자신이 그럴 기분이 아니라면 거절할 용기도 필요합니다. '부부(연인)라 어쩔 수 없다'며 그 장소의 분위기에 휩쓸리거나 상대를 잘 알고 있다는 착각이 두 사람의 관계를 힘들게 만듭니다. 그리고 서로 사랑이 비뻐지면

DV의 길로 빠지게 되는 것입니다.

남성이든 여성이든 상대를 자신의 일부라든지 소유물로 생각하는 것은 터무니없는 착각임을 알아야 합니다. 그 입장이 되어보지 않으면 이해하지 못하는 경우도 있지만 구체적인 사례를 서로 이야기함으로써 상상력을 가져야 합니다.

"좋아하니까 상대를 소중하게 여겨야 해요. 그것이 두 사람에게 행복한 일이니까요. 그러니까 반드시 상대의 기분을 확인하도록 하세요."

연인관계가 어느새 피해자와 가해자의 관계가 되어버리는 것만큼 슬픈 일은 없을 겁니다.

연애관계에서조차 강간과 같은 일이 일어난다면 원조교제 관계의 범죄 발생 위험성이 높다는 것은 쉽게 상상이 가는 일입니다. 성행위는 기본적으로 밀실에서 발생하므로 자신의 몸을 지키는 일은 의외로 어렵습니다.

저는 이렇게 말하며 이 수업을 마쳤습니다.

"저는 겁쟁이라서 정말로 신뢰할 수 있는 사람 외에는 성적인 관계를 맺고 싶지 않아요."

아무리 잘 맞는 관계라도 서로 잘 알기까지는 상당한 시간이 걸립니다. 하물며 성행위라는 친밀한 관계로 발전하려면 시로가 합의한 것인지 신중하게 확인해야 합니다. 상대의 마음과 신체 상태를 확인하는 배려가 없는 사람과는 튼튼한 관계가 만들어질 수 없습니다. 이것이 이 수업의 진정한 주제입니다.

자립적인 삶을 위해 서로 존중하는
가족 관계를 만들자

　이제 DV가 발생하는 곳에는 '의존'과 '지배'라는 비뚤어진 관계성이 내포되어 있음을 이해했을 겁니다. 반면 누가 봐도 평범한 관계로 보이는 것 중에도 '의존'이나 '지배'의 구조가 숨어 있는 경우가 있습니다.

　이 사례는 이전 학교의 동료 선생님과 상담한 실화를 토대로 구성한 것입니다. 이 이야기를 '흔한 이야기'라고 단정지을지 아니면 '조심해야 할 견본'으로 생각할지 궁금합니다.

　"미나미노 씨, 잠시 집안 문제로 상담하고 싶은 게 있는데 들어주실 수 있나요? 사실 지금 저희 집 분위기가 너무 어두워서 정말 힘들어요. 그래도 제 나름대로 집안 분위기를 밝게 해

보려고 여러 가지 노력은 하고 있지만요. 지난번에는 식사 후 설거지를 했습니다. 지금까지 한 번도 그런 적이 없었는데 분위기를 바꿔보려고요. 그릇을 씻어 바구니에 엎자 아내가 그 그릇을 들어 잠시 뚫어지게 보더니 나직한 목소리로 '밥풀이 남아 있어요'라고 하더군요. 저는 그 말에 욱 하고 화가 치밀어 올라 이후부터는 설거지를 안 합니다."

'아니, 고작 한 번 하고서?'라고 받아치고 싶은 것을 꾹 참으며 계속 들었습니다.

"집안 분위기가 어두운 이유는 알고 있습니다. 사실 딸아이의 피아노 때문이에요. 아내는 딸에게 어릴 적부터 피아노를 배우게 했어요. 장래에 피아니스트를 시키려고요. 자신이 하고 싶었던 피아니스트의 꿈을 딸에게 품었다고 해야겠죠. 그 딸이 올해 중학교 2학년이 되었습니다. 슬럼프에 빠졌는지 아니, 솔직히 말해 장래의 피아니스트를 꿈꾸기 보다는 그저 취미 정도의 실력인 것 같아요. 너무 실망한 아내는 입 밖으로는 아무 말하지 않지만 매일 한숨만 쉬고 있어요. 딸은 성실한 아이인데 엄마의 기대에 부응하지 못하는 미안함 때문인지 완전히 풀이 죽어 있고요. 요즘은 정말 집안 분위기가 어두워서 집에 들어가는 게 께끄름한 정도예요."

"그거 참 큰일이네요. 부인이 딸의 피아노 외에 마음 둘 곳이 있으면 좋을 텐데요."

"저도 그렇게 생각해서 아내에게 문화센터 같은 곳에 다녀보면 어떻겠느냐고 끈질기게 권유했어요. 잘 모르긴 해도 요가나 서예, 꽃꽂이 등 할 수 있는 게 많잖아요. 아내가 결혼과 동시에 전업주부로 계속 집안에만 있었으니 밖에 나가 활동하면 조금은 기분전환이 될 거라고 생각했지요. 그런데 좀처럼 다니려고 하지 않아요."

"생활을 갑자기 바꾸기는 힘들 테니까요."

"그렇죠. 아, 예전에 자동차 면허를 따러 가겠다고 했어요."

"아, 그건 잘 된 일이네요. 면허를 따서 활동범위가 넓어지면 부인 기분도 상당히 나아질 거예요. 그러면 집안 분위기도 좋아질 거고요."

"하지만 그때 저는 여자들은 운전이 서툴어 사고도 많다고 하니 운전면허 취득에는 그다지 찬성하지 않는다고 했어요."

"네? 왜 그러셨어요?"

저는 자신도 모르게 목소리가 높아졌습니다.

"그래서 결국 면허는 따지 않기로 했고 아내는 변함없이 집안에서 계속 한숨만 내쉴 뿐이죠. 딸아이 앞에서도 그러니 아이도 계속 우울해 하고 아무튼 집안 분위기가 말이 아닙니다."

속으로는 '그게 당연하지요. 스스로 뿌린 씨앗이니……'라고 생각하면서도 "여성 운전자의 사고가 많다는 이야기는 금시초문인데요. 다시 운전면허를 따도록 권유해 보면 어떨까요?"라고 조언했습니다. 그러나 내심 그 가정의 상황이 그렇게 빨리 개선되지는 않을 거라고 생각했습니다.

이런 상황은 흔히 일어나는 일입니다. 흔한 만큼 주의해야 한다고 생각합니다. 무엇을 주의해야 하고 그 이유가 무엇인지 지금부터 하나씩 짚어보겠습니다.

그의 아내는 자신이 이루지 못한 피아니스트로서의 꿈을 딸에게 대신 품었습니다. 딸은 그런 어머니의 기대에 부응하려고 어린 시절부터 열심히 피아노 연습에 몰두했습니다. 그러나 꿈이 항상 이루어진다고 할 수는 없습니다. 노력의 양에 비례해 성취되는 것도 아닙니다. 딸에게도 냉정한 현실이 기다리고 있습니다.

아이가 처한 현실을 알았을 때, 부모는 아이에게 어떻게 해야 할까요? 어머니는 자신의 경험에 비추어 인생 선배로서 딸에게 적절한 조언을 해야 합니다. 한숨이나 쉬고 있을 때가 아닙니다. 언 건 바면 노래운 길에서 시켜나 있으 때니 먼거 딴이 노력을 칭찬하고 격려해 줍니다. 그러고 나서 지금의 상황을 극복하기 위해 무엇이 필요한지 필사적으로 궁리해야 합니다.

그런데 그의 아내는 '딸이 피아니스트가 되는 것'이 '자신의 행복'이라고 생각하며 살아왔습니다. 게다가 자신이 행복해지는 요소가 딸에 대한 꿈 외에는 아무것도 없습니다. 그래서 아무리 시간이 흘러도 포기되지 않고 오히려 앞으로 어떻게 해야 하는지 예상조차 못한 채 절망에 빠진 딸 앞에서 한숨이나 쉬는 것입니다. 그리고 자신의 행동이 딸을 점점 더 우울하게 만든다는 사실조차 알아차리지 못하는 실정입니다.

그의 아내는 딸에게 '의존'함과 동시에 딸의 인생을 '지배'하고 있습니다. 그 때문에 딸은 '내가 피아니스트가 되지 못하면 엄마는 행복해질 수 없다'고 착각하게 된 것입니다.

원래 아이란 존재만으로도 부모를 행복하게 만듭니다. 또한 그렇게 키워야만 아이가 본연의 힘을 맘껏 발휘할 수 있습니다. 이렇게 딸은 존재만으로도 충분한데 어머니가 계속 존재 이상의 것을 요구하자 결국 자신의 노력이 부모의 희망에 미치지 못했다는 사실에 절망하게 된 것입니다.

부모와 자식관계는 아무래도 권력관계가 작용해 자칫 부모가 자식을 '지배'하고 부모가 바라는 형태로 아이를 끼워 맞추려 하기 쉽습니다. 그러나 대부분의 자식들이 힘이 없기는 해도 나름대로 반항합니다. 그것으로 부모와의 관계를 조정하거나 고민하고 방황하면서 자신의 인생을 개척해 나가는 것인데 그것은 자연스러운 일입니다.

그러나 어머니는 어느 시점부터 자신의 모든 인생을 딸에게 걸었습니다. 또한 딸도 그런 어머니 방식에 반항심이나 의심을 품지 않고 살아왔습니다. 만약 한쪽만이라도 자신의 존재에 위화감을 느꼈다면 두 사람 사이는 틀림없이 다르게 펼쳐졌을 것입니다.

한편 딸의 아버지이자 남편도 긴장감이 팽팽한 어머니와 딸의 관계가 견디기 어려워 조금이라도 상황을 바꾸려고 했습니다. 부부관계의 변화가 모녀 관계를 변화시킬 수 있다는 생각은 바람직합니다.

그러나 그의 노력은 허무하게 헛돌고 집안 분위기는 오히려 험악해졌습니다. 핵심을 벗어난 전략은 아내를 더욱 불안하게 만드는 결과를 낳았던 것입니다. 그것은 아내의 심정을 헤아리지 못하고 가정 내 자신의 역할에 대해서도 제대로 인식하지 못하고 있었다는 얘기입니다. 그래서 모처럼의 '운전면허 취득'이라는 변화의 기회는 소실로 방치되었습니다.

아내에게 문화센터를 권유한 남편은 왜 운전학원에 다니는 것을 허락하지 않았을까요? 지나친 생각일 수도 있으나 운전면허에는 어디든 외출할 수 있는 자유가 있습니다. 아내가 자유를 갖는 것에 대한 두려움이 남편 심리에 작용했는지도 모릅니다. 아내가 집안에서 가사나 육아만(귀찮은 일은 모두) 도맡았으면 좋겠다고 생각한 것은 아닐까요? 도대체 결혼하고 나서 한 번도 설거지를 해본 적이 없다니…….

남편은 아내를 자신의 생각대로 조정하고 싶고, 아내는 딸을 자신의 이상형 속에 가두고 싶고, 딸은 필사적으로 부모의 희망에 맞춰 자신의 인생을 만들려고 합니다. 이 가족의 이야기에서 '어미 거북이 등에 새끼 거북이를 태우고 또 그 위에 손자 거북이를 태워 어미 거북이가 뒤집어지면……'이라는 익살스러운 시조가 떠오릅니다. 실로 절묘한 균형 위에 서 있는 가족입니다. 구성원마다 어디까지 인식하고 있는지의 문제가 있지만 분명 하루하루가 긴장의 연속일 것입니다.

이런 상황에 처해 있는 가족이 의외로 많을 것입니다. 여러분의 가족은 지금 한 사람 한 사람이 자신의 발로 확고하게 서 있습니까?

자신의 행복을 가족이라는 좁고 폐쇄적인 인간관계에만 이

존하면 상대방을 조정하고 싶을 수밖에 없습니다. 상대방이 자기 생각대로 움직이지 않으면 자신이 불행해지기 때문입니다.

사람을 조정하고 조정당하는 것에 익숙해지는 것은 양쪽 모두 DV적인 인간관계로 직결되는 길입니다. 참된 행복으로부터 점점 멀어져 갑니다. 참된 행복이란 자기 본연의 모습에 안심하고 항상 누군가의 요구에 신경을 날카롭게 곤두세워야 하는 상황과는 정반대의 것이기 때문입니다.

가족일지라도—아니 가족이므로—서로를 존중할 필요가 있습니다. 자립하는 삶은 그런 관계에서만 비로소 성립된다고 생각합니다.

즐길 줄 아는 사람이
자립한 인간이다

　가족이나 다른 사람 간의 지배나 의존이라는 관계로부터 자유로워지거나 그런 관계에 빠지지 않으려면 먼저 '혼자 즐길 줄 아는 사람'이 되어야 합니다. 그것이 가장 좋은 방법이라고 생각합니다.

　현대사회에서는 혼자 있으면 '외로운 사람'으로 보이기 쉽다고들 하는데 정말 그럴까요? 혼자 즐길 줄 아는 사람은 누군가에게 의지하지 않고 언제나 행복합니다. 자기 혼자서도 자신의 행복을 연출할 수 있는 '자립한 인간'이기 때문입니다.

　살다 보면 괴로울 때도 있는데 '혼자 즐길 수 있는 사람'은 힘든 시기나 사건을 다른 사람 탓으로 돌리지 않고 혼자 극복해 나갑니다. 물론 그 과정에서 누군가와 상담하거나 푸념을 털어놓는 일도 있겠지요. 하지만 시간이 걸려도 최종적으로는 스스로 결론을 내려 다시 일어섭니다.

혼자 즐긴다고 해서 다른 사람과 함께하는 것이 괴로운 건 아닙니다. 오히려 반대입니다. 즉 '혼자 있는 것도 즐겁고 둘이 있어도 즐거운' 상황을 만들 수 있는 사람이기 때문입니다.

혼자 있어도 즐거운 사람은 어떤 상황에서도 즐길 수 있으므로 자신의 행복과 인생을 타인에게 의지한다는 생각은 조금도 없습니다. 그리고 이런 태도는 다른 사람을 제대로 존중하는 마음으로 이어집니다.

항상 남과 연결되어 있지 않으면 걱정이거나 남과 있는 것이 고통스러운 사람은 먼저 '혼자'가 되어 자신을 객관적으로 응시해 볼 필요가 있습니다. 저에게도 이것은 상당히 어려운 일인데, 자신에게 중요한 사람들과 지배나 의존관계가 되지 않기 위해서 반드시 필요합니다. 또한 '고독'이 아닌 '혼자'를 즐기기 위해 필요한 과정입니다. '자립'을 위해 빠뜨려서는 안 되는 훈련입니다. 혼자서도 즐거울 수 있는 사례를 소개하겠습니다.

시규노 배냥으느 필통이? ㅗㄱ이 히계시에게 들은 이야기입니다. 그는 젊은 시절부터 회사 일만 할 뿐 집안일은 전부 아내에게 맡겼다고 합니다. 가사는 물론 육아와 부모님 간호까지 일절 도와준 적이 없습니다. 그런 아내가 50세 직후 병으로 쓰러져 지금은 누웠다 일어났다만 할 수 있는 상태라고 합니다. 그는 일과 병행해 아내의 간병과 익숙지 않은 가사까지 도맡은 상황입니다. 집안일을 하기 위해 업무량도 줄였습니다.

"아내가 쓰러진 직후에는 정말 힘들었어요. 하지만 지금은 이상하게 들릴지 모르지만 아내가 몸져누운 것이 도리어 고마울 정도예요. 집안일을 하고 보니 아내가 얼마나 힘들었을지, 제가 아내한테 얼마나 무거운 짐이었는지 깨달았거든요. 덕분에 아내를 감사하는 마음으로 대할 수 있습니다. 게다가 요즘에는 집안일 하는 즐거움까지 알았답니다. 제가 만든 요리를 아내가 맛있게 먹어주는 것도 기쁘고, 오늘같이 화창한 날에는 기분이 매우 좋아진다는 사실도 알았어요. 오늘 아침에도 빨래를 널고 왔는데 날씨가 좋으면 그것만으로도 행복해져요. 죽어라 일만 할 때는 날씨 따위에 신경도 쓰지 않았는데 말이죠. 아내가 쓰러지고 겨우 인간다운 삶이 무엇인지, 또 자립이 무엇인지 깨닫게 되었다고나 할까요……. 인생이란 돈 버는 것만으로는 부족해요. 이제야 깨닫다니 정말 부끄러운 얘기네요."

244

상큼한 미소를 띠며 자랑까지는 아니지만 은근히 이런 얘기를 하는 노신사를 만날 수 있어 매우 기쁘게 생각합니다.

나이 든 사람들 중에는 집안일 따위는 남자가 하는 것이 아니라며 설령 아내가 쓰러져도 누군가 하겠지 하는 생각에 꼼짝도 않는 사람이 많습니다. 개중에는 경험이 없으니 못 한다는 사람도 많을 것입니다. 어릴 적부터 그런 환경에서 자란 탓도 있겠지만, 지금 시대에는 그런 핑계가 통하지 않습니다. 현대사회는 성별에 관계없이 생활을 영위해 나가기를 요구하고 있습니다. 그리고 멋진 노신사가 늘고 있는 것도 분명 사실입니다.

누군가를 위해 무언가를 하면 상대에게 감사의 마음을 요구하는 것이 인지상정입니다. 하지만 자신이 즐거워 호의를 베풀면 상대가 어떤 반응을 보이든 개의치 않습니다. 자신이 즐기고자 한 일이기 때문입니다. 나아가 만약 상대방이 자신의 호의를 기뻐해 주면 덤으로 행복해지는 셈이고, 그것은 그것대로 솔직히 기쁜 마음이지요. 이처럼 자립이 가져다 주는 좋은 점은 헤아릴 수 없을 정도로 많습니다.

'혼자 즐길 줄 아는 사람'은 연애를 하거나 공동생활에 있어서도 즐겁습니다. 기본적으로 자기 일은 자신이 처리하기에 상대에게서 배신당하는 일은 없기 때문이지요. 또한 여유가 있어서 상대방의 상황도 배려할 줄 압니다. 필요에 의한 상부상조 관계가 자연스럽게 성립됩니다. 그래서 진정에서 우러나오는 감사의 말도 하게 되는 것입니다.

모든 것의 기본은 무엇보다 먼저 자립하는 것입니다. 자립하면 행복은 자연스럽게 따라온다는 사실을 부디 잊지 마세요.

즐거운 일상,
더 좋은 나를 발견하기 위한 힌트

간혹 "다시 돌아간다면 몇 살 때로 돌아가고 싶어?"라는 이야기를 할 때가 있습니다. 예전에는 어른들 사이에서만 오가는 대화라고 생각했는데 고등학생들도 가끔 "중학생으로 돌아가고 싶어요" "초등학교 때는 재밌었는데"라고 말하는 것을 보면 좋았던 시절로 돌아가고 싶은 마음은 나이에 상관없이 모든 사람들의 공통적인 희망인 듯합니다.

저 역시 몇 살 때로 돌아가고 싶냐는 질문을 받을 때가 있습니다. 하지만 저는 지나간 어떤 시절로도 돌아가고 싶은 생각이 없습니다. 다른 사람과 비교해 특별히 비참한 생활을 해서가 아니라 잿빛고 돌리기 한 번 더 같은 일을 반복하는 것이 귀찮기 때문입니다.

저도 젊은 시절에는 지금보다 체력도 기운도 좋았습니다. 하지만 그만큼 해야 할 일도 더 많아서 그런 것을 생각하면 굳이 돌아가고 싶은 마음이 없습니다.

저는 제자들에게 학생은 참 힘들겠다고 얘기합니다. 많은 과목을 공부해야 하고, 특별활동도 해야 하고, 낮은 시급의 아르바이트도 해야 하고, 부모님 말씀도 잘 들어야 하고, 통금 시간도 있고, 돈은 없고, 세상물정 몰라 창피도 당하고, 연애나 실연으로 감정 기복도 심하고, 친구와의 교제에도 신경 써야 하고……. 제가 학생이 아니어서 참 다행이라며, 농담이 아니라 진심으로 말하곤 합니다.

물론 중·고교 시절과 비교해서 지금이 편하고 행복하고 부유하다는 의미가 아닙니다. 어느 연령대나 그 나름의 고난은 당연히 따라다니는 것이므로 지금의 생활이 중·고교 시절보다 낫다고 할 수는 없습니다. 그러나 학생들이 진심으로 힘들거라는 생각이 듭니다.

'저는 이미 여러분과 같은 고생을 마쳤기 때문에 이제 그 고생을 하지 않아도 됩니다. 감사한 일이죠. 여러분은 지금 그 한가운데 있습니다. 열심히 분발하세요. 제가 도울 일이 있으면 돕겠습니다'라는 마음으로 학생들을 지켜보고 있습니다.

그런 이유로 저는 특별히 돌아가고 싶은 시절이 없이 언제나 지금이 가장 좋습니다. 만약 인생에 겪어야 할 고생이 정해져 있다면 하루를 살았으니 그만큼 고생도 줄어드는 것입니다. 또, 일상에는 반드시 '좋은 일'도 있습니다. '무슨 좋은 일이 생기겠어?'라고 생각될지 몰라도 '좋은 일'은 일어나는 것이 아니라 발견하는 거라고 생각합니다.

일상에서는 여러 일들이 일어납니다. 때로는 영원히 기억에 남을 사건도 발생하지만 대부분은 아주 작은 해프닝입니다. 하나 하나 의식하지 않으면 기억의 틈새에 파묻힐 만한 일들도 초점을 맞춰 의식해 보면 '좋은 일'로 바뀌는 경우가 많습니다.

오늘은 완벽하게 숙제를 끝냈다든지, 저녁식사를 준비해 주었더니 가족들이 기뻐했다든지, 방 청소를 했더니 기분이 좋아졌다든지 등 소소한 '좋은 일'을 발견할 때마다 자신 안에서는 작은 '자신감'이 쌓여갑니다. 사소한 것 하나가 작은 '자신감의 파편'과도 같은 것들입니다. 하지만 매일 조금씩 쌓이면 자신도 모르는 사이에 커다란 '자신감'의 산을 이룹니다. 이 산은 눈에는 보이지 않을 정도로 천천히, 그렇지만 하루하루 커져가는 건 분명합니다. 어제의 산보다 오늘의 산이 확실히 높습니다. 그렇게 생각하니 '지금'의 자신이 이제까지의 자신 중 가장 멋져 보이지 않습니까?

과거로 돌아가고 싶다는 건 어쩌면 지금이 즐겁지 않기 때문일지도 모릅니다. 지금의 자신이 만족스럽다면 과거로 돌아가고 싶다는 생각은 하지 않을 테니까요.

이 책은 여러분이 일상에서 '좋은 일'을 발견해 '자신감'을 쌓았으면 하는 바람에서 집필했습니다. 제가 하는 한 마디 한 마디는 '자립'으로 가는 발판이자 일상에서 '좋은 일'을 발견하기 위한 힌트이기도 합니다. 스스로 할 일을 조금씩 늘려가다 보면 여러분은 어느새 주변사람들에게 '자립한 사람'으로 인식될 것이고 스스로도 성장했다고 느낄 것입니다.

자신을 나날이 성장하는 존재로 느낀다면 틀림없이 자신을 좋아하게 됩니다. 그리고 스스로에게 눈을 떼지 못할 것입니다. 지금이라는 매순간이 즐거워지고 사소한 일도 조금 더 노력하고자 참고 견디게 될 것입니다.

여러분 모두 자신을 사랑하고, 부디 자신이라는 사람에게 흠뻑 빠져 살아가기를 바랍니다.

미나미노 다다하루

어른을 꿈꾸는 15세의 자립 수업

팬티 바르게 개는 법

초판 1쇄 발행   2014년 12월 24일
초판 19쇄 발행   2023년 10월 10일

지은이   미나미노 다다하루
옮긴이   안윤선
기획   홍성민

펴낸이   김현숙 김현정
펴낸곳   공명
출판등록   2011년 10월 4일 제25100-2012-000039호
주소   서울시 중랑구 신내동 835, 베네스트로프트 102동 601호
전화   02-432-5333 | **팩스**   02-3153-1377
이메일   gongmyoung@hanmail.net
블로그   http://blog.naver.com/gongmyoung1
ISBN   978-89-97870-07-3 43370

이 도서의 국립중앙도서관 출판시도서목록(CIP)은 서지정보유통지원시스템
홈페이지(http://seoji.nl.go.kr)와 국가자료공동목록시스템(http://www.nl.go.kr/kolisnet)에서
이용하실 수 있습니다.(CIP제어번호: CIP2014035218)